KB200061

김성중

저자는 다음 세대를 누구보다 사랑하는 교수이자 청소년 교육자, 상담자, 신학자, 목사다. 현재 장로회신학대학교 기독교교육과 교수이자 기독교교육리더십연구소 소장이며, 다음 세대에게 희망을 주고 그들을 섬기고 세우는 일에 힘쓰고 있다.

저서로《너는 커서 어떤 나무가 될래?》(생명의말씀사),《기도트렌드》(민영사),《어쩌다 교사》,《어쩌다 청소년 사역》,《어쩌다 학부모》(이상 두란노) 등 다수가 있다.

교육·특강·설교·세미나 문의 | newant99@gmail.com
유튜브 | 기독교교육리더십연구소, 사춘기연구소

디자인 | 박은별

수험생을 위한

100日

기도문

이 책의 활용법

1. 아침에 일어나 공부 시작하기 전 최우선순위로
   오늘의 말씀을 읽고 묵상합니다.

2. 두 손을 모으고 천천히 기도문을 따라 읽고, 한 번
   더 읽으면서 기도합니다.

3. 나의 개인적인 기도 제목을 쓰고 기도합니다.

4. 오늘 기도한 대로 살아가기 위해 노력합니다.

수험생을 위한 100일 기도문

지은이 | 김성중
초판 발행 | 2024. 7. 17
등록번호 | 제1988-000080호
등록된 곳 | 서울특별시 용산구 서빙고로65길 38 두란노빌딩
발행처 | 사단법인 두란노서원
영업부 | 2078-3352   FAX | 080-749-3705
출판부 | 2078-3331

책 값은 뒤표지에 있습니다.
ISBN 978-89-531-4885-7 03230

독자의 의견을 기다립니다.
tpress@duranno.com   www.duranno.com

두란노서원은 바울 사도가 3차 전도여행 때 에베소에서 성령 받은 제자들을 따로 세워 하나님의 말씀으로 양육하
던 장소입니다. 사도행전 19장 8-20절의 정신에 따라 첫째 목회자를 돕는 사역과 평신도를 훈련시키는 사역, 둘째
세계선교(TIM)와 문서선교(단행본잡지) 사역, 셋째 예수문화 및 경배와 찬양 사역, 그리고 가정·상담 사역 등을
감당하고 있습니다. 1980년 12월 22일에 창립된 두란노서원은 주님 오실 때까지 이 사역들을 계속할 것입니다.

오늘도 열심히 학업에 매진하고 있는 수험생 여러분을 진심으로 응원하고 축복합니다. 학업의 과정을 지나는 가운데 기독 수험생이라는 정체성을 가지고, 하나님의 인도하심과 도우심을 믿으며, 하나님만 온전히 의지하기를 기도합니다. 나의 개인적인 꿈이 아닌 하나님 사랑, 이웃 사랑의 꿈을 꾸면서 최선을 다해 공부하기를 원합니다. 공부하는 매 순간 하나님을 찾고 하나님과 동행하기를 소망합니다.

이 책은 대학수학능력시험을 100일 앞두고, 하루하루 말씀을 묵상하며 기도할 수 있도록 구성했습니다. 이 책을 활용하기 위한 전제는 먼저, 하나님을 간절히 찾는 마음이 있어야 한다는 것입니다. 하나님은 우리 마음을 보시는 분입니다 (삼상 16:7). 그리고 하나님은 우리가 하나님을 간절히 찾기를 원하십니다 (렘 33:3).

그다음 전제는 하나님을 향한 순수한 마음이 있어야 한다는 것입니다. 공부 잘하기 위한 목적을 이루기 위한 수단으로 기도하는 것이 아닙니다. 하나님이 우리 신앙의 목적입니다. 하나님을 찾고, 하나님과 교제하고 동행하는 것이 기도의 목적입니다. 하나님을 간절히 찾는 마음, 하나님을 향한 순수한 마음을 가지고 열심히 기도하고 공부하는 수험생이 되기를 소망합니다.

2024년 7월
김성중

목차

이 책의 활용법

프롤로그

001 하나님 품 안에서 공부하게 해 주세요

002 하나님이 에너지의 근원이십니다

003 기도가 모든 어려움을 푸는 열쇠입니다

004 하나님의 사랑을 믿게 해 주세요

005 하나님은 선한 목자이십니다

006 솔직하게 부르짖기 원합니다

007 우울한 감정을 가져가 주세요

008 하나님은 불가능을 가능으로 바꾸십니다

009 구하고 찾고 두드리게 해 주세요

010 성령 충만하기를 원합니다

011 힘들지만 기쁨으로 감당하게 해 주세요

012 아무리 바빠도 기도하기 원합니다

013 하나님을 더욱 닮아 가게 해 주세요

014 진실하게 살게 해 주세요

015 말씀을 지키며 살게 해 주세요

016 그럼에도 감사, 항상 감사!

017 뛰어남과 탁월함을 주세요

018 변함없이 하나님을 사랑하게 해 주세요

019 순수한 신앙인이 되기 원합니다

020 뜻대로 안 될 때도 찬양하기 원합니다

021 하나님, 나를 불쌍히 여겨 주세요

022 하나님의 보호하심을 구합니다

023 하나님을 최고로 존경하게 해 주세요

024 지식의 근본을 깨닫는 믿음을 주세요

025 남과 비교하는 교만함을 내려놓습니다

026 지혜를 주시는 하나님을 찾게 해 주세요

027 나를 지으신 목적을 잘 알기 원합니다

028 아픈 몸을 깨끗이 치료해 주세요

029 낙심될 때 선한 마음으로 바꿔 주세요

030 마음을 다하여 주를 찬양하기 원합니다

031 하나님! 나에게 믿음을 주세요

032 이타적인 목적으로 공부하기 원합니다

033 예수님은 우리 가정의 주인!

034 나 자신을 사랑하도록 도와주세요

035 바른 신앙인이 되게 해 주세요

036 하나님! 진심으로 사랑합니다

037 위로의 사람이 되게 해 주세요

038 잘하고 있다고 내 등을 토닥여 주세요

039 내 마음이 예수님의 마음을 닮기를!

040 목적을 알고 공부하기 원합니다

041 공부해서 남 주는 사람이 되고 싶어요

042 교회 친구들에게도 힘을 주세요

043 사명자로 살기를 결단합니다

044 나는 예수 그리스도의 종입니다

045 가장 아름다운 길로 인도해 주세요

046 복음을 전하는 사명자가 되게 해 주세요

047 한 손에는 복음, 한 손에는 전문성

048 넓은 마음을 허락해 주세요

049 행복한 공부 시간이 되기를 원합니다

050 바른 예배자로 세워 주세요

051 찬양을 더 가까이하게 해 주세요

052 선한 삶으로 본이 되고 싶어요

053 담대함으로 승리하게 해 주세요

054 유혹을 이겨 낼 강한 힘을 주세요

055 하나님 중심의 신앙인!

056 부정은 버리고, 긍정은 취하고

057 감사가 넘치게 해 주세요

058 예수님만이 나의 주인이십니다

059 참 평안을 선물로 주세요

060 하나님과 친해지기 원합니다

061 깊은 잠으로 피로가 회복되게 해 주세요

062 끝까지 인내할 수 있는 힘을 주세요

063 미래를 하나님 손에 맡깁니다

064 흔들리는 내 마음을 지켜 주세요

065 하나님의 생각을 깨닫게 해 주세요

066 매일매일 평안하기를 소망합니다

067 입에서 생명의 말이 나오게 해 주세요

068 죄책감에서 해방되도록 인도해 주세요

069 친구들과 갈등 없이 하나 되기를

070 아무것도 염려하지 않도록 도와주세요

071 침체에서 건지시고 온전케 해 주세요

072 잡념이 사라지고 집중하게 해 주세요

073 피스 메이커로 살고 싶어요

074 두려움을 이겨 낼 용기를 주세요

075 할 수 있다는 자신감을 심어 주세요

076 여호와의 이름을 의지합니다

077 하나님의 뜻을 알고 싶어요

078 진로 선택의 기로에서 답을 주세요

079 공부 내용을 깨닫는 지혜가 필요합니다

080 나도 할 수 있다!

081 기도 응답을 경험하게 해 주세요

082 하나님! 말의 능력을 더해 주세요

083 내 삶의 이유와 목적, 예수님!

084 모든 상황을 견디게 해 주세요

085 지혜가 부족합니다

086 졸음을 이기게 해 주세요

087 부지런함이 인격이 되게 해 주세요

088 자기 주도적 학습을 실천하기 원합니다

089 신앙생활에 열심을 내게 해 주세요

090 친구들도 함께 부지런하기를 기도합니다

091 예수님처럼 성실하게 해 주세요

092 더뎌 보여도 바른길로 걷게 해 주세요

093 공부를 즐길 수 있도록 도와주세요

094 공부 실천력을 더해 주세요

095 삶 속에서 거짓을 버리기 원합니다

096 기쁨의 열매를 거두게 해 주세요

097 온유한 성품이 갖춰지게 해 주세요

098 모든 일상에 감사합니다!

099 실수해서 틀리는 일이 없게 해 주세요

100 노력한 만큼의 결과를 기대합니다

001
하나님 품 안에서
공부하게 해 주세요

그들이 그 환난 때에 이스라엘 하나님 여호와께로 돌
아가서 찾으매 그가 그들과 만나게 되셨나니
| 대하 15:4 |

언제나 나를 반갑게 맞아 주시는 하나님!

모든 감사와 찬양, 존귀와 영광을 하나님께 올려 드립니다.

아침에 일어나 학교에 가서 수업을 듣고, 수업을 마치면 학원으로 뛰어가서 강의를 듣습니다. 강의가 끝나면 혼자서 공부하면서 매일매일 바쁜 하루를 보내고 있습니다. 바쁜 일상 속에 살면서도 가장 우선순위는 하나님을 향한 진실한 신앙이어야 함을 믿습니다.

바쁘다는 핑계로 신앙생활을 게을리했던 나의 모습을 하나님께 회개합니다. 나를 사랑하시는 하나님 품 안에서 매 순간 살아가고 공부하는 신앙인이 되게 해 주세요.

나의 모든 실수와 잘못을 용서해 주시고 나를 받아 주시는 예수님의 이름으로 간절히 기도드립니다. 아멘.

my prayer

_____

_____

_____

002
하나님이 에너지의
근원이십니다

하나님은 우리의 피난처시요 힘이시니 환난 중에 만
날 큰 도움이시라 | 시 46:1 |

따라 읽는 기도

나에게 힘을 불어넣어 주시는 하나님!

모든 감사와 찬양, 존귀와 영광을 하나님께
올려 드립니다.

오늘도 교과서를 펴서 읽고, 문제집을 꺼내
서 문제를 풉니다. 매일 반복되는 공부 가운
데 지쳐서 힘이 점점 떨어집니다. 하나님이
놀라운 힘과 에너지를 나에게 불어넣어 주
세요.

하나님이 주시는 힘으로 오늘도 열심히 최
선을 다해 공부할 수 있도록 도와주세요. 하
나님은 나의 큰 힘과 도움이시라는 사실을
굳게 믿사오니 나와 함께해 주세요.

완전한 힘의 근원이신 예수님의 이름으로
간절히 기도드립니다. 아멘.

my prayer

_____

_____

_____

003
기도가 모든 어려움을
푸는 열쇠입니다

내가 전심으로 주께 간구하였사오니 주의 말씀대로
내게 은혜를 베푸소서 | 시 119:58 |

크신 은혜를 베푸시는 좋으신 하나님!

모든 감사와 찬양, 존귀와 영광을 하나님께 올려 드립니다.

기도는 하나님이 나에게 베풀어 주신 놀라운 은혜이자 특별한 권리입니다. 기도를 통해 하나님과 진실하게 교제할 수 있고, 하나님의 뜻을 깨달아 알 수 있으며, 나의 어려움을 해결할 수 있습니다.

하나님께 형식적으로 기도하는 것이 아니라, 온 마음을 다해서 간절히 기도하는 진정한 기도의 사람이 되게 해 주세요. 기도를 통해 하나님의 선물을 받아 누리는 행복한 사람이 되게 해 주세요. 공부하며 순간순간 하나님께 드리는 나의 모든 기도에 하나님의 뜻대로 응답해 주실 줄 믿습니다.

나에게 항상 좋은 것을 주기 원하시는 참 좋으신 예수님의 이름으로 간절히 기도드립니다. 아멘.

my prayer

_____

_____

_____

004

하나님의 사랑을
믿게 해 주세요

나를 사랑하는 자들이 나의 사랑을 입으며 나를 간절
히 찾는 자가 나를 만날 것이니라 | 잠 8:17 |

따라 읽는 기도

언제나 어느 때나 나를 사랑하시는 하나님!

모든 감사와 찬양, 존귀와 영광을 하나님께 올려 드립니다.

하나님은 사랑 가운데 나를 만드셨고, 사랑 가운데 나를 구원해 주셨고, 사랑 가운데 나의 삶을 인도하시고 이끌어 주십니다. 지금 공부하는 과정 역시 하나님의 사랑 가운데 있다는 사실을 깨닫고 잘 이겨 나갈 수 있도록 도와주세요.

하나님이 나를 언제나 뜨겁게 품고 사랑해 주신다는 사실을 굳게 믿으며 살아가게 하시고, 나도 하나님을 마음과 뜻과 정성을 다해 사랑하며 살아가게 해 주세요.

나를 사랑하시고 나의 죄를 씻기기 위해 십자가에서 모든 피를 흘리신 구주 예수님의 이름으로 간절히 기도드립니다. 아멘.

my prayer

_____

_____

_____

005
하나님은
선한 목자이십니다

너희는 여호와를 만날 만한 때에 찾으라 가까이 계실
때에 그를 부르라 | 사 55:6 |

나와 동행하시는 선한 목자 되신 하나님!

모든 감사와 찬양, 존귀와 영광을 하나님께
올려 드립니다.

공부하는 매 순간 하나님이 언제나 나와 함
께 계심을 진심으로 믿기 원합니다. 공부하
다가 힘들거나 지치거나 괴롭거나 불안함
이 찾아올 때 전능하신 하나님의 도우심을
구하며 하나님께 기도하는 신앙인이 되게
해 주세요.

선한 목자 되신 하나님이 언제나 내 곁에 함
께 계심을 실제적으로 믿으며 공부할 수 있
게 해 주세요.

항상 인자한 미소로 나를 바라보고 계시고
선한 손길로 도와주시는 예수님의 이름으
로 간절히 기도드립니다. 아멘.

my prayer

_____

_____

_____

006

솔직하게 부르짖기
원합니다

너는 내게 부르짖으라 내가 네게 응답하겠고 네가 알
지 못하는 크고 은밀한 일을 네게 보이리라 | 렘 33:3 |

나의 부르짖음에 응답하시는 하나님!

모든 감사와 찬양, 존귀와 영광을 하나님께
올려 드립니다.

학업의 과정 가운데 힘들고 어려울 때 혼자
서 힘들어하지 않고 하나님께 나아가서 부
르짖고 기도하는 신앙인이 되게 해 주세요.
하나님이 나의 기도를 들어 주신다는 사실
을 굳게 믿으며 간절하게 하나님을 찾게 해
주세요.

하나님께 솔직하게 부르짖음으로 말미암
아 하나님이 베풀어 주시는 기적을 체험하
게 해 주세요.

부르짖는 자에게 선하게, 진실하게, 따뜻하
게 응답하시는 예수님의 이름으로 간절히
기도드립니다. 아멘.

my prayer

_____

_____

_____

007

우울한 감정을
가져가 주세요

여호와께서 이스라엘 족속에게 이와 같이 말씀하시
기를 너희는 나를 찾으라 그리하면 살리라 | 암 5:4 |

생기를 불어넣어 주시는 하나님!

모든 감사와 찬양, 존귀와 영광을 하나님께 올려 드립니다.

매일 반복되는 공부의 과정 가운데 많이 지쳤습니다. 육체적으로도 지치고 정신적으로도 지쳐서 우울한 감정이 들기도 하고 한숨만 나오기도 합니다.

나의 영을 살리시고, 나의 마음과 정신을 살리시고, 나의 육체를 살리시는 하나님을 의지하기 원합니다. 오늘도 활기차게 삶을 살아가고, 힘차게 학업의 과정을 걸어갈 수 있도록 도와주세요.

삶에 에너지를 제공해 주시는 예수님의 이름으로 간절히 기도드립니다. 아멘.

my prayer

_____

_____

_____

008

하나님은 불가능을
가능으로 바꾸십니다

묘성과 삼성을 만드시며 사망의 그늘을 아침으로 바
꾸시고 낮을 어두운 밤으로 바꾸시며 바닷물을 불러
지면에 쏟으시는 이를 찾으라 그의 이름은 여호와시
니라 | 암 5:8 |

온 세상과 나를 만드시고 내 삶의 역사를 주관하시는 하나님!

모든 감사와 찬양, 존귀와 영광을 하나님께 올려 드립니다.

하나님은 광야에서도 길을 만드시는 분이며, 사막에서도 강을 만드시는 분입니다. 무에서 유를 창조하시고, 불가능을 가능으로 바꾸시는 분입니다. 그 하나님이 바로 나의 하나님이심을 믿습니다.

오늘도 공부하는 가운데 온 세상과 나를 만드시고, 내 삶의 역사를 주관하고 인도하시는 하나님만 의지할 수 있게 해 주세요.

완전한 생명의 길을 보여 주신 예수님의 이름으로 간절히 기도드립니다. 아멘.

my prayer

_____

_____

_____

009

구하고 찾고
두드리게 해 주세요

구하라 그리하면 너희에게 주실 것이요 찾으라 그리
하면 찾아낼 것이요 문을 두드리라 그리하면 너희에
게 열릴 것이니 구하는 이마다 받을 것이요 찾는 이
는 찾아낼 것이요 두드리는 이에게는 열릴 것이니라
| 마 7:7-8 |

베푸시고 찾아 주시고 열어 주시는 기적의 하나님!

모든 감사와 찬양, 존귀와 영광을 하나님께 올려 드립니다.

구하면 주시고, 찾으면 찾아 주시고, 두드리면 열어 주시는 능력의 하나님을 굳건하게 붙들고 살아가는 신앙인이 되게 해 주세요. 학업의 과정 가운데 하나님을 구하고 찾고 두드리면서 하나님이 주시는 크신 은혜를 경험하게 해 주세요.

하나님과 동행함으로 내가 생활하는 학교가 은혜의 공간이 되게 하시고, 내가 수업을 듣는 학원이 은혜의 장소가 되게 하시며, 내가 공부하는 독서실과 스터디 카페와 방 안이 은혜의 자리가 되게 해 주세요.

나의 삶에 풍성하게 은혜를 베푸시는 예수님의 이름으로 간절히 기도드립니다. 아멘.

my prayer

_____

_____

_____

010
성령 충만하기를 원합니다

너희가 악할지라도 좋은 것을 자식에게 줄 줄 알거든
하물며 너희 하늘 아버지께서 구하는 자에게 성령을
주시지 않겠느냐 하시니라 | 눅 11:13 |

항상 자녀에게 좋은 것을 주기 원하시는 하나님!

모든 감사와 찬양, 존귀와 영광을 하나님께 올려 드립니다.

공부하는 과정 가운데 성령 충만하기를 원합니다. 세상적인 생각과 세속적인 가치로 내 안이 채워지는 것이 아니라, 성령님으로 채워지기를 소망합니다.

성령님이 내 안에 충만하게 역사해 주셔서 하나님과 동행하는 공부의 과정이 되게 해 주세요. 내 안에 계신 성령님으로 인해 공부하면서 경험하는 모든 어려움을 능히 이겨 낼 수 있게 해 주세요.

내 안에 살아 계셔서 충만하게 역사하시는 예수님의 이름으로 간절히 기도드립니다. 아멘.

my prayer

_____

_____

_____

011

힘들지만 기쁨으로
감당하게 해 주세요

지금까지는 너희가 내 이름으로 아무것도 구하지 아
니하였으나 구하라 그리하면 받으리니 너희 기쁨이
충만하리라 | 요 16:24 |

나의 삶에 진정한 기쁨을 선물로 주시는 좋
으신 하나님!

모든 감사와 찬양, 존귀와 영광을 하나님께
올려 드립니다.

수험생으로서 살아가는 동안 잊고 있던 단
어가 바로 기쁨입니다. 기쁨이라는 단어를
떠올리면 참 낯설게 느껴집니다. 입시 스트
레스로 인해 기쁨을 놓치고 살았음을 깨닫
게 됩니다.

공부하는 가운데 지치기도 하고, 외롭기도
하고, 매너리즘에 빠지기도 하고, 미래가 막
막하기도 합니다. 이러한 상황 가운데 예수
그리스도로 인해 내면에 진정한 기쁨이 솟
아나게 하시고, 힘든 학업의 과정을 기쁨으
로 감당할 수 있도록 은혜를 베풀어 주세요.

기쁨의 근원 되시는 예수님의 이름으로 간
절히 기도드립니다. 아멘.

my prayer

_____

_____

_____

012

아무리 바빠도
기도하기 원합니다

볼지어다 내가 문밖에 서서 두드리노니 누구든지 내
음성을 듣고 문을 열면 내가 그에게로 들어가 그와
더불어 먹고 그는 나와 더불어 먹으리라 | 계 3:20 |

언제나 나와 함께하기를 원하시는 하나님!

모든 감사와 찬양, 존귀와 영광을 하나님께 올려 드립니다.

아무리 바쁠지라도 공부하기 전에 먼저 하나님의 말씀을 묵상하면서 하나님의 뜻을 찾게 해 주세요. 공부하는 과정 가운데 하나님께 기도하면서 하나님과 동행하게 해 주세요.

바쁜 수험생의 기간 가운데서도 하나님과 교제하는 시간을 나의 최우선순위로 두는 참된 신앙인이 되게 해 주세요. 하나님과 교제하는 참된 행복을 누리며 살아가는 신앙인이 되게 해 주세요.

두 팔 벌려 나를 안아 주시고 나와 함께하시는 예수님의 이름으로 간절히 기도드립니다. 아멘.

my prayer

_____

_____

_____

013

하나님을 더욱
닮아 가게 해 주세요

세계가 다 내게 속하였나니 너희가 내 말을 잘 듣고
내 언약을 지키면 너희는 모든 민족 중에서 내 소유
가 되겠고 너희가 내게 대하여 제사장 나라가 되며
거룩한 백성이 되리라 너는 이 말을 이스라엘 자손에
게 전할지니라 | 출 19:5-6 |

완전한 의이시며 거룩하신 하나님!

모든 감사와 찬양, 존귀와 영광을 하나님께
올려 드립니다.

입시를 준비하며 공부하느라 바쁘다는 핑
계로 신앙생활을 소홀히 하는 경우가 많이
있었습니다. 그러나 이제부터라도 하나님
을 더 붙들며 나의 신앙이 더욱 성장해 가기
를 원합니다. 수험생의 기간이 신앙 성장의
기간이 되기를 소망합니다.

수능을 앞두고 열심히 공부하는 이 시간에
하나님을 더 닮아 가기 위해 부단히 노력하
는 신앙인이 되게 해 주세요. 하나님을 닮아
거룩한 하나님의 사람이 될 수 있게 해 주세
요. 악한 생각과 말과 행동을 버리며 거룩한
삶을 살 수 있게 해 주세요.

거룩하신 하나님의 백성으로 불러 주신 예수
님의 이름으로 간절히 기도드립니다. 아멘.

my prayer

_____

_____

_____

014
진실하게
살게 해 주세요

너희 각 사람은 자기 이웃을 속이지 말고 네 하나님
을 경외하라 나는 너희의 하나님 여호와이니라
| 레 25:17 |

진실을 사랑하시는 하나님!

모든 감사와 찬양, 존귀와 영광을 하나님께 올려 드립니다.

하나님이 제일 미워하시는 것은 바로 거짓임을 말씀을 통해 깨닫습니다.

학교 생활을 하는 가운데, 학원에서 공부하는 가운데, 친구들과 함께 어울리는 가운데 친구들을 속이는 죄를 범하지 않게 해 주세요. 자신의 이익과 유익을 위해서 다른 사람들을 속이는 거짓의 죄를 범하지 않게 해 주세요.

오늘 하루도 하나님이 제일 기뻐하시는 진실한 삶을 살아갈 수 있게 도와주세요.

진리의 원천이시며 진리 그 자체이신 예수님의 이름으로 간절히 기도드립니다. 아멘.

my prayer

_____

_____

_____

015

말씀을 지키며
살게 해 주세요

네 하나님 여호와의 명령을 지켜 그의 길을 따라가며
그를 경외할지니라 | 신 8:6 |

하나님의 말씀을 지키는 자에게 복을 주시는 하나님!

모든 감사와 찬양, 존귀와 영광을 하나님께 올려 드립니다.

공부하는 바쁜 생활 가운데서도 하나님의 말씀을 가까이하고, 하나님의 말씀을 철저히 지키는 신실한 신앙인이 되기를 소망합니다.

하나님은 요한계시록 1장 3절에서 하나님의 말씀을 읽고 듣고 지키는 자가 복 있는 자라고 말씀하십니다. 오늘도 하나님의 말씀을 읽고 듣고 지키는 복 있는 사람이 되게 해주세요. 하나님의 말씀과 함께 학업의 과정을 걸어가는 믿음의 사람이 되게 해 주세요.

말씀이 육신이 되어 우리 가운데 거하시는 예수님의 이름으로 간절히 기도드립니다. 아멘.

my prayer

_____

_____

_____

016
그럼에도 감사,
항상 감사!

네가 먹어서 배부르고 네 하나님 여호와께서 옥토를
네게 주셨음으로 말미암아 그를 찬송하리라 | 신 8:10 |

나의 삶에 필요한 것들을 풍성하게 공급해
주시는 하나님!

모든 감사와 찬양, 존귀와 영광을 하나님께
올려 드립니다.

오늘도 아침에 일어나서 삶을 살아갈 수 있
도록 은혜를 베풀어 주셔서 감사합니다. 일
용할 양식을 주셔서 감사합니다. 오늘도 공
부할 수 있는 힘과 시간과 기회를 주셔서 감
사합니다. 무엇보다도 하나님을 믿게 해 주
셔서 감사합니다. 하나님이 나와 함께하시
고 동행해 주셔서 감사합니다.

나의 삶에 감사가 끊이지 않게 해 주세요. 어
떤 상황과 환경 속에서도 항상 감사할 수 있
는 큰 믿음을 허락해 주세요.

감사의 삶을 실천하도록 도우시는 예수님
의 이름으로 간절히 기도드립니다. 아멘.

my prayer

_____

_____

_____

017
뛰어남과
탁월함을 주세요

네가 네 하나님 여호와의 말씀을 삼가 듣고 내가 오
늘 네게 명령하는 그의 모든 명령을 지켜 행하면 네
하나님 여호와께서 너를 세계 모든 민족 위에 뛰어나
게 하실 것이라 | 신 28:1 |

나를 세워 주기를 원하시는 하나님!

모든 감사와 찬양, 존귀와 영광을 하나님께
올려 드립니다.

하나님의 사람으로 살아가면서 주변 사람
에게 좋은 영향을 주기를 원합니다. 내가 가
진 전문성으로 사회를 밝히는 선한 영향력
을 미치기를 소망합니다. 내가 만나는 사람
들에게 예수 그리스도를 전하는 복음의 영
향력을 발휘하기를 기도합니다. 이러한 삶
을 살아갈 수 있도록 뛰어남과 탁월함을 허
락해 주세요.

나의 개인적인 이익과 만족을 위해서가 아
니라, 다른 사람들에게 인정받기 위해서가
아니라, 하나님이 나에게 맡겨 주신 사명을
온전히 수행하기 위해 뛰어남과 탁월함을
선물로 베풀어 주세요.

모든 능력의 근원 되시는 예수님의 이름으
로 간절히 기도드립니다. 아멘.

my prayer

_____

_____

_____

018

변함없이 하나님을
사랑하게 해 주세요

이는 땅의 모든 백성에게 여호와의 손이 강하신 것을
알게 하며 너희가 너희의 하나님 여호와를 항상 경외
하게 하려 하심이라 하라 | 수 4:24 |

변함없는 신앙을 원하시는 하나님!

모든 감사와 찬양, 존귀와 영광을 하나님께
올려 드립니다.

하나님이 제일 기뻐하시는 신앙의 모습은
언제나, 어느 때나 변함없이 하나님을 가까
이하는 것입니다. 성적이 잘 나올 때나 성적
이 안 나올 때나 변함없이 하나님을 사랑하
고 존경하고 의지하는 것입니다. 계획한 대
로 일이 진행될 때나 원하는 대로 일이 진행
되지 않을 때나 언제나 하나님께 감사하는
것입니다. 우울한 감정이 들 때나 기쁜 감정
이 들 때나 상관없이 하나님을 찬양하는 것
입니다.

나의 상황과 환경과 감정과 관계없이 하나
님을 붙드는 참된 신앙인이 되게 해 주세요.

변함없이 나를 사랑하시고 가까이하시는
예수님의 이름으로 간절히 기도드립니다.
아멘.

my prayer

019
순수한 신앙인이
되기 원합니다

너희는 여호와께서 너희를 위하여 행하신 그 큰 일을
생각하여 오직 그를 경외하며 너희의 마음을 다하여
진실히 섬기라 | 삼상 12:24 |

마음의 순수성을 보시는 하나님!

모든 감사와 찬양, 존귀와 영광을 하나님께
올려 드립니다.

수험생의 기간을 지나는 동안 주일에 교회
에 가서 예배도 드렸습니다. 기도도 했고,
성경도 읽었습니다. 문제는 나의 이기적인
목적을 위한 수단으로 하나님을 찾았다는
것입니다. 공부를 잘하려는 목적, 대학을 잘
가려는 목적을 위한 수단으로 신앙생활 할
때가 많았음을 깨닫고 회개합니다.

마음을 다하여 진실히 하나님을 섬기는 것
이 신앙생활의 목적 그 자체임을 깨닫고, 오
직 하나님께만 집중해서 하나님만 높이고
찬양하는 진짜 신앙인이 될 수 있도록 인도
해 주세요.

순수한 마음을 선물로 주시는 예수님의 이
름으로 간절히 기도드립니다. 아멘.

my prayer

_____

_____

_____

020

뜻대로 안 될 때도
찬양하기 원합니다

이르되 내가 모태에서 알몸으로 나왔사온즉 또한 알
몸이 그리로 돌아가올지라 주신 이도 여호와시요 거
두신 이도 여호와시오니 여호와의 이름이 찬송을 받
으실지니이다 하고 | 욥 1:21 |

언제나 하나님께 감사하고 찬양하기를 원
하시는 하나님!

모든 감사와 찬양, 존귀와 영광을 하나님께
올려 드립니다.

공부하다 보면 공부가 잘 안될 때가 있습니
다. 시험을 보았는데 시험 성적이 잘 안 나올
때도 있습니다. 공부가 잘 안될 때도, 시험
성적이 잘 안 나올 때도, 내 뜻과 계획대로
진행되지 않을 때도 하나님을 찬양할 수 있
는 진정한 믿음을 허락해 주세요.

하나님은 찬양받기에 합당하신 분임을 고
백합니다. 하나님은 유일한 찬양의 대상이
시며, 찬양의 이유 되시는 분임을 고백합니
다. 찬양의 감격이 내 삶 속에 충만할 수 있
도록 인도해 주세요.

약할 때 강함 되시는 예수님의 이름으로 간
절히 기도드립니다. 아멘.

my prayer

_____

_____

_____

021
하나님, 나를
불쌍히 여겨 주세요

아버지가 자식을 긍휼히 여김같이 여호와께서는 자
기를 경외하는 자를 긍휼히 여기시나니 |시 103:13|

나를 긍휼히 여기시는 하나님!

모든 감사와 찬양, 존귀와 영광을 하나님께 올려 드립니다.

수험생의 기간을 지나는 동안 몸과 마음이 지쳤습니다. 마음먹은 대로 공부가 되지 않아 힘들기도 합니다. 시험 성적이 원하는 대로 나오지 않아 실망스럽습니다. 미래를 생각할 때 막막함이 몰려옵니다. 공부에 집중할 수 없는 환경이 조성되거나 상황이 발생하는 경우가 있어 괴롭습니다.

하나님! 나를 긍휼히 여겨 주세요. 나의 상황과 감정을 공감해 주시고 불쌍히 여겨 주세요. 하나님의 자비의 손길을 기다립니다. 나를 붙들어 주시고 도와주세요.

진정한 나의 도움 되시는 예수님의 이름으로 간절히 기도드립니다. 아멘.

my prayer

_____

_____

_____

022
하나님의 보호하심을 구합니다

여호와를 경외하는 자들아 너희는 여호와를 의지하
여라 그는 너희의 도움이시요 너희의 방패시로다
| 시 115:11 |

내 삶의 방패 되시는 하나님!

모든 감사와 찬양, 존귀와 영광을 하나님께 올려 드립니다.

공부를 진행하는 과정 가운데 예기치 못한 일이 발생해서 공부에 집중하지 못할 수도 있습니다. 가정 안에 어려운 일이 일어나 마음이 흩어질 수도 있습니다. 친구 사이에 갈등이 생겨서 공부에 방해될 수도 있습니다. 건강에 문제가 발생해서 공부에 힘을 쏟지 못할 수도 있습니다.

나는 내 삶을 스스로 어찌할 수 없는 연약한 존재입니다. 하나님이 나의 방패가 되어 주셔서 공부하는 데 어려운 일이 생기지 않도록 막아 주세요. 공부에 집중할 수 있는 상황과 환경을 만들어 주세요.

모든 상황을 주관하시는 예수님의 이름으로 간절히 기도드립니다. 아멘.

my prayer

_____

_____

_____

023
하나님을 최고로 존경하게 해 주세요

여호와를 경외하며 그의 길을 걷는 자마다 복이 있도
다 | 시 128:1 |

모든 이름 위에 뛰어나신 하나님!

모든 감사와 찬양, 존귀와 영광을 하나님께 올려 드립니다.

하나님을 진정으로 사랑하고, 하나님을 최고로 존경하는 가운데 하나님을 경외하는 신앙인이 되게 해 주세요. 하나님을 경외하는 자가 복 있는 자라는 사실을 굳게 믿으며 살아가기를 원합니다. 하나님을 경외하는 자가 가장 행복한 사람이라는 사실을 붙들며 신앙생활 하기를 소망합니다.

학업 현장에서 하나님을 경외하는 삶을 구체적으로 나타내게 해 주세요. 오늘 공부하는 가운데 하나님을 경외하는 삶을 실천하게 해 주세요.

우리에게 날마다 복 주기를 원하시는 예수님의 이름으로 간절히 기도드립니다. 아멘.

my prayer

024
지식의 근본을 깨닫는
믿음을 주세요

여호와를 경외하는 것이 지식의 근본이거늘 미련한
자는 지혜와 훈계를 멸시하느니라 | 잠 1:7 |

하나님을 경외하는 자에게 지식을 주기 원하시는 하나님!

모든 감사와 찬양, 존귀와 영광을 하나님께 올려 드립니다.

공부를 잘하기 위해서는 지식이 있어야 합니다. 열심히 공부한 내용이 내 머릿속에 지식으로 쌓여야 합니다.

지식의 근본은 하나님을 경외하는 것이라는 사실을 전인격적으로 받아들이는 믿음이 있기를 소망합니다. 지식을 쌓는 공부를 하는 태도가 여호와를 경외하는 것임을 깨닫고 살아갈 수 있게 해 주세요.

매 순간 하나님을 인정하며 살아가는 신앙의 실천이 내 삶 속에 있게 해 주세요.

지식과 지혜의 근본 되시는 예수님의 이름으로 간절히 기도드립니다. 아멘.

my prayer

_____

_____

_____

025
남과 비교하는 교만함을
내려놓습니다

여호와를 경외하는 것은 악을 미워하는 것이라 나는
교만과 거만과 악한 행실과 패역한 입을 미워하느니
라 | 잠 8:13 |

겸손한 자를 가까이하시는 하나님!

모든 감사와 찬양, 존귀와 영광을 하나님께
올려 드립니다.

오늘도 열심히 공부하며 앞을 향해 달려갑
니다. 열심히 공부하다 보면 문득 내가 잘
알고 있다는 교만한 마음이 들 때가 생깁니
다. 다른 친구보다 내가 공부를 더 잘한다는
생각이 들면서 우월감에 빠질 때도 있습니
다. 상대방과 나를 비교하면서 우쭐대고 싶
은 생각과 마음이 찾아올 때가 있습니다.

그러나 하나님은 겸손한 자를 가까이하신
다는 사실을 정확히 알기 원합니다. 마음을
낮추는 겸손함을 가지고 학업에 임할 수 있
게 해 주세요.

겸손의 왕 예수님의 이름으로 간절히 기도
드립니다. 아멘.

my prayer

_____

_____

_____

026

지혜를 주시는 하나님을
찾게 해 주세요

여호와를 경외하는 것이 지혜의 근본이요 거룩하신
자를 아는 것이 명철이니라 |잠 9:10|

실수가 없으신 완전하신 하나님!

모든 감사와 찬양, 존귀와 영광을 하나님께 올려 드립니다.

오늘도 책상에 앉아 수능을 준비하며 열심히 공부합니다. 국어, 수학, 영어, 사회, 과학을 공부하는 데는 온 시간을 사용하면서 정작 하나님을 알기 위해서는 얼마만큼의 노력을 하는지 나 자신의 신앙을 돌아보기 원합니다.

하나님을 더 알기 위해 힘쓰고 하나님과 교제하는 신앙인이 되게 해 주세요. 하나님을 경외하는 것이 지혜의 근본이라는 잠언의 말씀을 붙들고 하나님을 찾으며 공부하게 해 주세요.

우리에게 지혜를 주기 원하시는 예수님의 이름으로 간절히 기도드립니다. 아멘.

my prayer

_____

_____

_____

027
나를 지으신 목적을
잘 알기 원합니다

이 백성은 내가 나를 위하여 지었나니 나를 찬송하게
하려 함이니라 | 사 43:21 |

찬송 받기에 합당하신 하나님!

모든 감사와 찬양, 존귀와 영광을 하나님께
올려 드립니다.

인생에 있어서 가장 중요한 과제는 자신의
삶의 목적을 찾는 것입니다. 하나님은 말씀
속에서 우리 인생의 목적이 바로 하나님을
찬송하는 것임을 깨닫게 해 주셨습니다.

내가 열심히 살아가는 이유도, 매일매일 열
심히 공부하는 목적도 바로 하나님을 높이
는 것임을 분명히 알고, 잊지 말게 해 주세
요. 힘들게 공부하는 시간 속에서도 하나님
을 높이는 마음을 갖게 하시고, 입술의 고백
으로도 하나님을 찬양하게 해 주세요.

나의 찬송을 기쁨으로 받아 주시는 예수님
의 이름으로 간절히 기도드립니다. 아멘.

my prayer

_____

_____

_____

028
아픈 몸을 깨끗이 치료해 주세요

내 이름을 경외하는 너희에게는 공의로운 해가 떠올라서 치료하는 광선을 비추리니 너희가 나가서 외양간에서 나온 송아지같이 뛰리라 | 말 4:2 |

나의 아픔을 완전히 치료해 주시는 하나님!

모든 감사와 찬양, 존귀와 영광을 하나님께 올려 드립니다.

하루의 시간을 대부분 책상에 앉아 공부하면서 허리도 아프고, 눈도 침침하고, 만성피로에 시달리고 있습니다. 그리고 하루에도 몇 번씩 찾아오는 불안함과 막막함 가운데 스트레스도 받고 우울도 경험합니다.

치료의 하나님이 나의 아픈 부분에 안수해 주시고, 깨끗하게 치료해 주세요. 나의 연약한 부분이 회복될 수 있게 해 주세요. 건강을 허락해 주셔서 순탄한 학업의 과정이 될 수 있도록 복 내려 주세요.

전인적인 건강을 선물로 주시는 예수님의 이름으로 간절히 기도드립니다. 아멘.

my prayer

_____

_____

_____

029

낙심될 때 선한 마음으로 바꿔 주세요

너희의 순종함이 모든 사람에게 들리는지라 그러므로 내가 너희로 말미암아 기뻐하노니 너희가 선한 데 지혜롭고 악한 데 미련하기를 원하노라 |롬 16:19|

선한 마음을 주시는 하나님!

모든 감사와 찬양, 존귀와 영광을 하나님께 올려 드립니다.

하나님! 수험생으로 살아가는 것이 쉽지 않습니다. 공부를 하는 과정 가운데 생각과 계획대로 잘되지 않아서 갑자기 화가 나고 분노가 치밀 때가 있습니다. '나는 안되는구나' 라는 생각에 사로잡혀 공부를 포기하고 싶은 마음이 들 때도 있습니다.

나의 마음 가운데 선한 마음을 허락해 주세요. 하나님의 은혜의 손길로 요동치는 나의 마음을 어루만져 주시고 착한 마음으로 바꿔 주세요. 내 마음에 하나님이 계심을 믿으니 하나님의 마음으로 가득 채워 주세요.

내 마음의 주인 되시는 예수님의 이름으로 간절히 기도드립니다. 아멘.

my prayer

_____

_____

_____

030

마음을 다하여
주를 찬양하기 원합니다

시와 찬송과 신령한 노래들로 서로 화답하며 너희의
마음으로 주께 노래하며 찬송하며 | 엡 5:19 |

마음의 중심을 살펴보시는 하나님!

모든 감사와 찬양, 존귀와 영광을 하나님께 올려 드립니다.

수험생 기간을 지나는 동안 형식적인 신앙인으로 살아온 나의 모습을 회개합니다. 부모님이 교회에 가라고 하셔서 어쩔 수 없이 간 때도 많았고, 졸면서 형식적으로 예배드린 때도 많았음을 고백합니다. 수험생이니까 그럴 수 있지, 다른 수험생도 그렇게 하니까 괜찮겠거니 생각했던, 나의 부족함을 바라봅니다.

이런 형식적인 신앙에서 벗어나 마음을 다해 하나님을 섬기는 신앙으로 변화되기를 원합니다. 진실한 마음으로 뜨겁게 하나님을 섬기고, 하나님을 찬양하고 높이는 삶을 살아가게 해 주세요.

내 마음의 중심에 계시는 예수님의 이름으로 간절히 기도드립니다. 아멘.

my prayer

_____

_____

_____

031
하나님! 나에게 믿음을 주세요

믿음으로 노아는 아직 보이지 않는 일에 경고하심을
받아 경외함으로 방주를 준비하여 그 집을 구원하였
으니 이로 말미암아 세상을 정죄하고 믿음을 따르는
의의 상속자가 되었느니라 믿음으로 아브라함은 부
르심을 받았을 때에 순종하여 장래의 유업으로 받을
땅에 나아갈새 갈 바를 알지 못하고 나아갔으며

| 히 11:7-8 |

믿음을 주시는 하나님!

모든 감사와 찬양, 존귀와 영광을 하나님
께 올려 드립니다.

그동안 좋은 성적을 달라고 기도했고, 원
하는 대학에 진학하게 해 달라고 기도했지
만, 정작 가장 중요한 믿음을 달라고 기도
한 적은 없습니다. 믿음으로 방주를 준비
했던 노아처럼, 믿음으로 하나님이 가라고
하신 곳으로 갔던 아브라함처럼 큰 믿음을
나에게 허락해 주세요.

하나님이 함께하시고, 하나님이 도와주심
으로 인해 학업의 과정을 잘 감당할 수 있
다는 확고한 믿음을 가지고 매일매일 최선
을 다해 살아가게 해 주세요.

믿는 자에게는 능히 하지 못할 일이 없다
고 말씀하신 예수님의 이름으로 간절히 기
도드립니다. 아멘.

my prayer

_____

_____

_____

032
이타적인 목적으로
공부하기 원합니다

당신들은 나를 해하려 하였으나 하나님은 그것을 선
으로 바꾸사 오늘과 같이 많은 백성의 생명을 구원하
게 하시려 하셨나니 당신들은 두려워하지 마소서 내
가 당신들과 당신들의 자녀를 기르리이다 하고 그들
을 간곡한 말로 위로하였더라 | 창 50:20-21 |

이타적인 삶을 원하시는 하나님!

모든 감사와 찬양, 존귀와 영광을 하나님께
올려 드립니다.

힘든 공부의 과정 가운데 나만 잘 먹고 잘 살
기 위한 이기적인 목적에 사로잡힐 때가 많
음을 솔직하게 고백합니다. 하나님을 믿는
자녀로서 이기적인 목적에서 벗어나 다른
사람을 돕기 위한 이타적인 목적으로 공부
하기 원합니다.

창세기의 요셉은 7년 흉년 때 고대 서아시
아 지방 사람들이 굶어 죽지 않도록 음식을
분배해 주는 역할을 잘 감당했습니다. 나도
다른 사람의 생명을 살리는 고귀한 삶을 살
수 있도록 은혜와 기회를 허락해 주세요. 하
나님이 기뻐하시는 꿈이 공부의 동기가 되
도록 인도해 주세요.

생명을 살리기 원하시는 예수님의 이름으
로 간절히 기도드립니다. 아멘.

my prayer

_____

_____

_____

033

예수님은
우리 가정의 주인!

나를 사랑하고 내 계명을 지키는 자에게는 천 대까지
은혜를 베푸느니라 | 출 20:6 |

우리 가정을 세우고 사랑하시는 하나님!

모든 감사와 찬양, 존귀와 영광을 하나님께
올려 드립니다.

우리 가정을 위해 기도하기를 원합니다. 우
리 가족 모두가 하나님을 뜨겁게 사랑하게
해 주세요. 매 순간 하나님을 간절히 찾게 하
시고 하나님의 말씀을 순종하며 살게 해 주
세요.

하나님을 잘 섬기는 믿음의 가정이 되어 하
나님이 주시는 은혜와 복을 가족 모두가 받
아 누릴 수 있기를 원합니다. 그 은혜와 복이
우리의 후손 세대까지 이어지게 해 주세요.

우리 가정의 주인 되시는 예수님의 이름으
로 간절히 기도드립니다. 아멘.

my prayer

_____

_____

_____

034
나 자신을
사랑하도록 도와주세요

원수를 갚지 말며 동포를 원망하지 말며 네 이웃 사
랑하기를 네 자신과 같이 사랑하라 나는 여호와이니
라 | 레 19:18 |

언제 어느 때나 나를 사랑하시는 좋으신 하나님!

모든 감사와 찬양, 존귀와 영광을 하나님께 올려 드립니다.

청소년기를 지나면서, 공부의 과정을 지나면서 다른 친구들과 나를 비교하며 열등감에 빠질 때가 많습니다. 나는 공부도 못하는 것 같고, 재능도 없는 것 같고, 딱히 가진 것도 없는 것 같아서 한숨만 나올 때가 많습니다.

나를 무조건적으로 사랑하시는 하나님처럼 나도 스스로를 아가페적으로 사랑하기로 결단합니다. 더 이상 다른 사람과 비교하지 않게 하시고 열등감에서 빠져나오게 해 주세요.

나를 언제나 받아 주시는 예수님의 이름으로 간절히 기도드립니다. 아멘.

my prayer

_____

_____

_____

035

바른 신앙인이
되게 해 주세요

이르되 하늘의 하나님 여호와 크고 두려우신 하나님
이여 주를 사랑하고 주의 계명을 지키는 자에게 언약
을 지키시며 긍휼을 베푸시는 주여 간구하나이다
| 느 1:5 |

크고 두려우신 하나님!

모든 감사와 찬양, 존귀와 영광을 하나님께 올려 드립니다.

시험공부를 하는 동안 나 스스로 기준을 세워서 신앙생활을 한 적이 많았음을 고백합니다. 수험생이니까 바쁘면 예배에 빠져도 되겠지, 수련회는 안 가도 괜찮겠지, 예배 시간과 학원 시간이 겹치면 당연히 학원에 먼저 갈 수밖에 없지, 하면서 나의 모습을 합리화할 때가 많았습니다.

나의 부족한 모습을 용서해 주시고, 하나님을 두려워하는 신앙인이 되게 해 주세요. 나의 기준과 판단이 아니라 하나님의 기준과 말씀으로 살아가는 바른 신앙인이 되게 해 주세요.

나에게 신앙의 바른 기준을 제시해 주시는 예수님의 이름으로 간절히 기도드립니다. 아멘.

my prayer

_____

_____

_____

036

하나님! 진심으로
사랑합니다

하나님이 이르시되 그가 나를 사랑한즉 내가 그를 건
지리라 그가 내 이름을 안즉 내가 그를 높이리라
| 시 91:14 |

내가 가장 사랑하는 하나님!

모든 감사와 찬양, 존귀와 영광을 하나님께
올려 드립니다.

하나님은 먼저 나를 사랑해 주셨습니다. 하
나님은 사랑 안에서 나를 만들어 주셨고, 사
랑 때문에 나를 구원해 주셨고, 사랑으로 나
의 삶을 지키고 인도해 주십니다. 하나님의
사랑이 나의 삶을 버티게 합니다. 하나님이
나를 사랑해 주신다는 사실이 내 삶의 희망
이요 능력이자 기쁨입니다. 하나님! 진심으
로 사랑합니다.

오늘도 내가 가장 사랑하는 하나님과 함께
힘든 공부의 과정을 지나가려고 합니다. 나
와 함께해 주시는 사랑하는 하나님과 웃으
면서 공부하게 해 주세요.

사랑의 본체이신 예수님의 이름으로 간절
히 기도드립니다. 아멘.

my prayer

_____

_____

_____

037

위로의 사람이
되게 해 주세요

너희의 하나님이 이르시되 너희는 위로하라 내 백성
을 위로하라 | 사 40:1 |

내가 위로하는 사람이 되기를 원하시는 하나님!

모든 감사와 찬양, 존귀와 영광을 하나님께 올려 드립니다.

우리가 살아가는 세상 속에 낙심한 사람들이 많습니다. 우울과 분노의 문제로 정신적으로 힘들어합니다. 하나님, 이들에게 섬김의 리더십을 발휘하는 사람이 되기 위해 열심히 공부하기 원합니다.

나를 만나는 사람을 진심으로 위로하고 격려하며, 그들의 이야기를 들어 주고 상담해 주면서 희망과 살아갈 힘을 불어넣게 해 주세요. 나의 삶을 선하게 인도해 주세요.

진정한 위로로 삶의 행복을 주시는 예수님의 이름으로 간절히 기도드립니다. 아멘.

my prayer

_____

_____

_____

038

잘하고 있다고
내 등을 토닥여 주세요

어머니가 자식을 위로함같이 내가 너희를 위로할 것
인즉 너희가 예루살렘에서 위로를 받으리니
| 사 66:13 |

나에게 참된 위로를 주시는 좋으신 하나님!

모든 감사와 찬양, 존귀와 영광을 하나님께 올려 드립니다.

매일매일 반복되는 공부 가운데 어깨가 축 늘어진 채 한 걸음 한 걸음 걸어가고 있습니다. 이 시간도 끝이 올 것이라고 되새기면서 앞을 향해 나아가고 있습니다.

이러한 삶의 모습 가운데 진정한 위로가 필요합니다. 그 어떤 음악도, 그 어떤 사람의 말도 위로가 되지 않습니다. 참된 위로를 주시는 하나님이 나에게 따뜻한 위로를 선물로 베풀어 주세요. 잘하고 있다고 내 머리를 쓰다듬어 주시고, 내 등을 토닥여 주세요. 그리고 크신 두 팔로 나를 안아 주세요.

위로의 선물을 풍성하게 베풀어 주기 원하시는 예수님의 이름으로 간절히 기도드립니다. 아멘.

my prayer

_____

_____

_____

039

내 마음이
예수님의 마음을 닮기를!

예수께서 온 갈릴리에 두루 다니사 그들의 회당에서
가르치시며 천국 복음을 전파하시며 백성 중의 모든
병과 모든 약한 것을 고치시니 | 마 4:23 |

약한 자를 품기 원하시는 하나님!

모든 감사와 찬양, 존귀와 영광을 하나님께 올려 드립니다.

바쁘게 공부하는 수험생 기간에도 내 주변의 약자를 생각하고 품을 수 있는 예수님의 마음을 허락해 주세요.

열심히 공부해서 나의 전문성과 재능을 가지고, 하나님이 나에게 맡겨 주신 물질을 가지고 주변의 약자를 구체적으로 돕기를 원합니다. 몸이 아프고 여러 약함으로 힘들게 살아가는 사람들에게 희망을 주는 역할을 감당하도록 도와주세요.

하나님이 기뻐하시는 삶을 실천할 수 있도록 도와주시는 예수님의 이름으로 간절히 기도드립니다. 아멘.

my prayer

_____

_____

_____

040

목적을 알고
공부하기 원합니다

예수께서 이르시되 네 마음을 다하고 목숨을 다하고
뜻을 다하여 주 너의 하나님을 사랑하라 하셨으니 이
것이 크고 첫째 되는 계명이요 둘째도 그와 같으니
네 이웃을 네 자신같이 사랑하라 하셨으니 이 두 계
명이 온 율법과 선지자의 강령이니라 | 마 22:37-40 |

사랑으로 나의 삶을 인도하시는 하나님!

모든 감사와 찬양, 존귀와 영광을 하나님께
올려 드립니다.

공부하는 목적을 정확하게 깨닫고 공부하
는 지혜로운 사람이 되기를 소망합니다. 공
부하는 목적은 내 마음을 다하고 목숨을 다
하고 뜻을 다하여 하나님을 사랑하고, 내가
품어야 하는 이웃을 사랑하기 위함임을 말
씀을 통해 깨닫습니다.

이 순수한 목적, 하나님이 기뻐하시는 목적
을 위해 열심히 공부할 수 있도록 도와주세
요. 하나님을 사랑하고 이웃을 사랑하는 것
이 하나님이 기뻐하시는 꿈임을 잊지 않고
앞으로 달려갈 수 있도록 인도해 주세요.

사랑하는 삶이 행복한 삶임을 몸소 보여 주
신 예수님의 이름으로 간절히 기도드립니
다. 아멘.

my prayer

_____

_____

_____

041

공부해서 남 주는 사람이 되고 싶어요

내가 주와 또는 선생이 되어 너희 발을 씻었으니 너
희도 서로 발을 씻어 주는 것이 옳으니라 내가 너희
에게 행한 것같이 너희도 행하게 하려 하여 본을 보
였노라 | 요 13:14-15 |

섬기는 사람에게 복 주시는 하나님!

모든 감사와 찬양, 존귀와 영광을 하나님께
올려 드립니다.

내가 열심히 공부하는 이유가 단지 세상 사
람들이 말하는 성공하기 위함이 아니기를
원합니다. 다만 다른 사람을 섬기기 위해 공
부하기를 소망합니다.

남 주기 위해 공부하는 이타적인 사람이 되
게 해 주세요. 공부해서 다른 사람의 필요를
실제적으로 채워 주며 구체적으로 돕는 사
람이 되기를 원합니다. 섬김을 위한 삶이 공
부의 방향이 되게 해 주세요.

우리를 섬기기 위해 이 낮고 낮은 땅에 내려
오신 예수님의 이름으로 간절히 기도드립
니다. 아멘.

my prayer

_____

_____

_____

042

교회 친구들에게도
힘을 주세요

새 계명을 너희에게 주노니 서로 사랑하라 내가 너희
를 사랑한 것같이 너희도 서로 사랑하라 너희가 서로
사랑하면 이로써 모든 사람이 너희가 내 제자인 줄
알리라 | 요 13:34-35 |

나를 제자로 부르신 하나님!

모든 감사와 찬양, 존귀와 영광을 하나님께
올려 드립니다.

함께 공부의 과정 가운데 있는 교회 친구들
을 생각하며 기도합니다. 신앙생활을 같이
하는 믿음의 동료들을 더 사랑하게 해 주세
요. 그들을 더 이해하고, 더 용서하고, 더 섬
기기를 원합니다.

다 함께 하나님의 꿈을 꾸며, 그 꿈으로 나
아가기 위해 열심히 공부하고 도전할 수 있
도록 은혜를 더해 주시고 힘을 불어넣어 주
세요.

믿음의 사람들끼리 먼저 사랑하기를 원하
시는 예수님의 이름으로 간절히 기도드립
니다. 아멘.

my prayer

_____

_____

_____

043

사명자로 살기를
결단합니다

내가 달려갈 길과 주 예수께 받은 사명 곧 하나님의
은혜의 복음을 증언하는 일을 마치려 함에는 나의 생
명조차 조금도 귀한 것으로 여기지 아니하노라

| 행 20:24 |

사명의 삶으로 인도해 주시는 하나님!

모든 감사와 찬양, 존귀와 영광을 하나님께
올려 드립니다.

나의 삶을 통해 하나님께 기쁨을 드리기를
소망합니다. 하나님께 기쁨을 드리기 위해
하나님이 나에게 맡겨 주신 사명을 구체적
으로 발견하고, 사명을 이루기 위해 열심히
공부할 수 있도록 인도해 주세요.

사도 바울이 자신의 생명을 걸고 주 예수께
받은 사명을 이루기 위해 노력한 것처럼, 나
도 사명이 이끄는 삶을 살 수 있도록 도와주
세요. 사명자로 살기를 하나님 앞에 결단하
오니 나의 마음을 받아 주세요.

사명을 주시고 그 길로 나아갈 수 있도록 힘
을 주시는 예수님의 이름으로 간절히 기도
드립니다. 아멘.

my prayer

_____

_____

_____

044
나는 예수 그리스도의
종입니다

예수 그리스도의 종 바울은 사도로 부르심을 받아 하
나님의 복음을 위하여 택정함을 입었으니 | 롬 1:1 |

내 삶의 주관자 되시는 하나님!

모든 감사와 찬양, 존귀와 영광을 하나님께 올려 드립니다.

바울은 자신을 "예수 그리스도의 종"이라고 표현했습니다. 나도 바울처럼 예수 그리스도의 종임을 고백합니다. 종은 주인에게 속해 있으며, 종의 일은 주인이 종에게 맡긴 일을 하는 것입니다.

실력, 재능, 물질, 시간 등 내가 가진 모든 것은 주인 되신 예수님의 것이며, 예수님의 일을 하라고 나에게 맡겨 주신 것입니다. 주인 되신 예수님의 일을 잘 감당하기 위해 열심히 공부하는 사람이 되게 해 주세요. 주인 되신 예수님이 맡겨 주신 것을 잘 관리하고 활용해서 예수님의 일을 성실하게 해 나가는 신실한 일꾼 되게 해 주세요.

내 삶의 진정한 주인 되시는 예수님의 이름으로 간절히 기도드립니다. 아멘.

my prayer

_____

_____

_____

045

가장 아름다운 길로
인도해 주세요

우리가 알거니와 하나님을 사랑하는 자 곧 그의 뜻대
로 부르심을 입은 자들에게는 모든 것이 합력하여 선
을 이루느니라 | 롬 8:28 |

나의 삶을 아름답게 인도해 주시는 하나님!

모든 감사와 찬양, 존귀와 영광을 하나님께 올려 드립니다.

오늘도 수험생의 자리에서 열심히 공부합니다. 하지만 열심히 공부하다가도 미래를 생각하면 막막함이 몰려올 때가 있습니다. 잘할 수 있을까, 잘될 수 있을까, 걱정과 두려움이 다가올 때가 있습니다.

나는 하나님의 뜻대로 부르심을 받은 자라는 사실을 확신하기 원합니다. 하나님이 나에게 가장 맞는 길, 가장 아름다운 길로 인도해 주신다는 사실을 굳게 믿게 해 주세요.

합력하여 선을 이루시는 예수님의 이름으로 간절히 기도드립니다. 아멘.

my prayer

_____

_____

_____

046

복음을 전하는 사명자가 되게 해 주세요

너희가 첫날부터 이제까지 복음을 위한 일에 참여하고 있기 때문이라 | 빌 1:5 |

복음을 전하는 일을 기뻐하시는 하나님!

모든 감사와 찬양, 존귀와 영광을 하나님께 올려 드립니다.

하나님이 나에게 사명을 주셨습니다. 그런데 그 사명은 미래에 해야 할 일이 아니라 공부하는 지금도 진행되어야 함을 믿습니다.

하나님이 가장 기뻐하시는 일은 믿지 않는 자에게 예수님의 복음을 전해서 그들이 복음을 받아들이고 하나님께로 돌아오는 것입니다. 공부해야 하는 바쁜 상황 가운데서도 '나는 하나님의 사명자'라는 정체성을 철저하게 붙들고 믿지 않는 친구들에게 예수 그리스도의 복음을 전하는 사람이 되게 해 주세요.

복음을 전할 수 있는 힘과 지혜와 용기를 주시는 예수님의 이름으로 간절히 기도드립니다. 아멘.

my prayer

_____

_____

_____

047

한 손에는 복음,
한 손에는 전문성

이 복음을 위하여 그의 능력이 역사하시는 대로 내게
주신 하나님의 은혜의 선물을 따라 내가 일꾼이 되었
노라 | 엡 3:7 |

나에게 영원한 생명을 주신 하나님!

모든 감사와 찬양, 존귀와 영광을 하나님께 올려 드립니다.

예수 그리스도의 복음은 능력입니다. 예수 그리스도의 복음은 생명입니다.

예수 그리스도의 복음을 믿게 하시고 영원한 생명을 나에게 선물로 주심에 감사드립니다. 그리고 이 복음을 전하기 위한 사명을 나에게 주심에 감사드립니다.

한 손에는 복음을, 한 손에는 전문성을 가진 사명자로 살아가게 해 주세요. 사도 바울처럼 복음의 영향력을 발휘하며 살아가게 해 주세요.

복음 그 자체이신 예수님의 이름으로 간절히 기도드립니다. 아멘.

my prayer

048

넓은 마음을
허락해 주세요

마지막으로 말하노니 너희가 다 마음을 같이하여 동
정하며 형제를 사랑하며 불쌍히 여기며 겸손하며
| 벧전 3:8 |

공동체를 사랑하시는 하나님!

모든 감사와 찬양, 존귀와 영광을 하나님께
올려 드립니다.

치열하게 공부하다 보면 옆 사람이 경쟁자
로 느껴지고, 내가 이겨야만 하는 존재로 인
식되기가 쉽습니다. 그래서 내가 공부를 잘
하고, 내 시험 성적이 잘 나오고, 내가 좋은
대학에 가는 것에만 관심을 가지는 이기적
인 생각에 사로잡힐 때가 많습니다. 하나님
이 싫어하시는 이기적인 모습을 버릴 수 있
는 용기와 실천력을 더해 주세요.

함께 공부하는 옆 사람과 친구를 사랑하기
원합니다. 서로 위로하고 격려하며 힘을 불
어넣어 주는 넓은 마음을 허락해 주세요.

따뜻한 마음을 선물해 주시는 예수님의 이
름으로 간절히 기도드립니다. 아멘.

my prayer

_____

_____

_____

049

행복한 공부 시간이
되기를 원합니다

하나님이 우리를 사랑하시는 사랑을 우리가 알고 믿
었노니 하나님은 사랑이시라 사랑 안에 거하는 자는
하나님 안에 거하고 하나님도 그의 안에 거하시느니
라 | 요일 4:16 |

사랑 그 자체이신 하나님!

모든 감사와 찬양, 존귀와 영광을 하나님께 올려 드립니다.

세상에서 가장 행복한 사람은 진정한 사랑을 받는 사람입니다. 공부하는 시간 가운데 하나님의 사랑이 내 안에 충만하게 역사하기를 소망합니다.

인상 쓰면서 괴롭게 공부하는 것이 아니라 하나님이 나를 사랑하신다는 느낌을 강력하게 받으면서 행복하게 공부하는 시간이 될 수 있도록 인도해 주세요. 공부하는 과정 가운데 사랑의 원천이시자 사랑 그 자체이신 하나님을 경험하는 시간이 될 수 있도록 은혜를 베풀어 주세요.

매 순간 나를 사랑한다고 말씀해 주시는 예수님의 이름으로 간절히 기도드립니다. 아멘.

my prayer

050

바른 예배자로
세워 주세요

여호와께 그의 이름에 합당한 영광을 돌리며 거룩한
옷을 입고 여호와께 예배할지어다 | 시 29:2 |

예배 받기에 합당하신 하나님!

모든 감사와 찬양, 존귀와 영광을 하나님께
올려 드립니다.

하나님은 하나님께 온전히 예배드리는 예
배자를 찾으시는데, 공부하느라 바쁘다는
핑계로, 학원 가야 한다는 핑계로 예배를 소
홀히 했던 나의 잘못을 용서해 주세요. 예배
의 자리에 있을 때도 형식적으로 예배드린
나의 모습을 회개합니다.

하나님께 예배드리는 것을 내 삶의 최우선
순위로 두게 하시며, 바른 예배자가 되어 하
나님께 진정한 예배를 올려 드리는 신앙인
이 되게 해 주세요.

예배 가운데 역사하시는 예수님의 이름으
로 간절히 기도드립니다. 아멘.

my prayer

_____

_____

_____

051
찬양을 더 가까이하게
해 주세요

여호와께 영광을 돌리며 섬들 중에서 그의 찬송을 전
할지어다 | 사 42:12 |

찬양 가운데 임하시는 하나님!

모든 감사와 찬양, 존귀와 영광을 하나님께
올려 드립니다.

공부하는 과정을 지나는 동안에 내가 주로
듣는 음악이 무엇이었는지 생각해 봅니다.
믿지 않는 친구들과 별 차이 없이 세상적인
음악만 듣고 부르고 지냈던 나의 모습을 보
게 됩니다.

학교에서, 학원에서, 독서실에서, 스터디 카
페에서, 집에서 공부하다가 쉬는 시간에 찬
양을 듣고 부를 수 있는 신앙인이 되게 해 주
세요. 수험생의 기간이 찬양을 사랑하고 찬
양을 더 가까이하는 시간이 되게 해 주세요.

찬양의 이유 되시는 예수님의 이름으로 간
절히 기도드립니다. 아멘.

my prayer

052

선한 삶으로
본이 되고 싶어요

이같이 너희 빛이 사람 앞에 비치게 하여 그들로 너
희 착한 행실을 보고 하늘에 계신 너희 아버지께 영
광을 돌리게 하라 | 마 5:16 |

선한 삶으로 인도해 주시는 하나님!

모든 감사와 찬양, 존귀와 영광을 하나님께
올려 드립니다.

오늘도 공부의 자리로 나아갈 때 믿지 않는
친구들의 모범이 될 수 있게 해 주세요.

공부하는 자리에서 다른 친구를 도울 일이
있으면 돕게 하시고, 청소해야 할 일이 있으
면 자발적으로 일어나서 청소하게 하시고,
베풀 일이 있으면 기꺼이 베풀 수 있도록 실
천력을 허락해 주세요.

나의 모습을 통해 믿지 않는 친구들이 내가
믿는 예수님에 대해 관심을 가지는 계기가
되게 하시고, 예수님을 믿게 되는 역사가 일
어날 수 있도록 나를 사용해 주세요.

참빛 되신 예수님의 이름으로 간절히 기도
드립니다. 아멘.

my prayer

_____

_____

_____

053

담대함으로
승리하게 해 주세요

믿음이 없어 하나님의 약속을 의심하지 않고 믿음으
로 견고하여져서 하나님께 영광을 돌리며 | 롬 4:20 |

믿는 자의 인생 걸음을 인도하시는 하나님!

모든 감사와 찬양, 존귀와 영광을 하나님께
올려 드립니다.

하나님이 나를 하나님의 계획 가운데서 만
드셨음을 믿습니다.

하나님이 예수 그리스도를 통하여 나의 죄
를 완전히 씻어 주시고 구원해 주셨음을 믿
습니다. 하나님이 나의 삶을 성실하게 지키
시고 도와주시며 인도하시고 이끌어 주심
을 믿습니다.

수험생의 힘든 시간을 지나는 가운데 하나
님을 향한 믿음을 철저하게 붙잡고 신앙 안
에서 오는 담대함으로 승리하게 해 주세요.

우리의 믿음을 완전하게 해 주시는 예수님
의 이름으로 간절히 기도드립니다. 아멘.

my prayer

_____

_____

_____

054

유혹을 이겨 낼
강한 힘을 주세요

값으로 산 것이 되었으니 그런즉 너희 몸으로 하나님
께 영광을 돌리라 | 고전 6:20 |

영광 받기에 합당하신 하나님!

모든 감사와 찬양, 존귀와 영광을 하나님께 올려 드립니다.

수험생의 시간을 지나는 동안에 다양한 유혹이 다가옵니다. 게임의 유혹, 음란물의 유혹, 술의 유혹 등 공부에 집중하지 못하도록 방해하고, 온전한 신앙생활을 가로막는 유혹입니다.

나의 힘으로는 유혹을 이겨 내기가 힘드니 성령 하나님이 유혹을 이겨 낼 수 있는 강력한 힘을 주세요. 나는 예수님이 십자가에서 내 죄의 값을 치르셔서 의롭게 된 존재라는 사실을 굳게 믿고 죄의 유혹을 이겨 낼 수 있게 해 주세요.

나를 위해 십자가에서 피 흘리신 예수님의 이름으로 간절히 기도드립니다. 아멘.

my prayer

_____

_____

_____

055
하나님 중심의 신앙인!

그런즉 너희가 먹든지 마시든지 무엇을 하든지 다 하
나님의 영광을 위하여 하라 | 고전 10:31 |

나의 모습을 항상 보고 계시는 하나님!

모든 감사와 찬양, 존귀와 영광을 하나님께 올려 드립니다.

하나님은 내가 먹는 모습, 마시는 모습도 보고 계십니다. 내가 깨는 모습, 잠자는 모습도 보고 계십니다. 학교 가는 모습, 학원 가는 모습, 공부하는 모습도 보고 계시는 하나님을 믿습니다.

무엇을 하든지 하나님이 나를 보고 계신다는 사실을 믿고, 하나님을 높이고 빛나게 해 드리는 하나님 중심의 신앙인이 되게 해 주세요.

가장 빛나고 아름다우신 예수님의 이름으로 간절히 기도드립니다. 아멘.

my prayer

_____

_____

_____

056

부정은 버리고,
긍정은 취하고

하나님의 약속은 얼마든지 그리스도 안에서 예가 되
니 그런즉 그로 말미암아 우리가 아멘 하여 하나님께
영광을 돌리게 되느니라 | 고후 1:20 |

언제나 긍정이신 좋으신 하나님!

모든 감사와 찬양, 존귀와 영광을 하나님께 올려 드립니다.

공부하는 과정 가운데 부정적인 생각이 들 때가 많습니다. '안될 것 같아', '내가 잘될 리가 없지', '망했다' 와 같은 부정적인 생각이 나를 사로잡습니다. 부정적인 말이 내 입술에서 계속 튀어나옵니다.

나를 사로잡고 있는 부정적인 생각과 부정적인 말에서 빠져나올 수 있도록 도와주세요. 여호수아와 갈렙이 가나안 땅을 정탐한 후에 믿음에서 나오는 긍정의 보고를 한 것을 기억하기 원합니다. 나도 그들처럼 긍정의 하나님을 굳게 믿고 긍정적인 생각과 말을 하며 살아가게 해 주세요.

긍정할 수 있는 좋은 마음을 주시는 예수님의 이름으로 간절히 기도드립니다. 아멘.

my prayer

_____

_____

_____

057

감사가 넘치게 해 주세요

이는 모든 것이 너희를 위함이니 많은 사람의 감사로
말미암아 은혜가 더하여 넘쳐서 하나님께 영광을 돌
리게 하려 함이라 | 고후 4:15 |

감사 받기에 합당하신 하나님!

모든 감사와 찬양, 존귀와 영광을 하나님께
올려 드립니다.

오늘도 책상에 앉아 공부합니다. 공부의 과
정 가운데 힘들어서 불평이 나올 때가 너무
나 많습니다. 원하는 성과가 나오지 않아서
짜증도 많이 납니다. 나의 부족한 모습을 용
서해 주세요. 불평하지 않으려고 해도 계속
불평이 나오는 나를 불쌍히 여겨 주세요.

공부할 수 있다는 것만으로도 감사하게 해
주세요. 감사를 회복하고 은혜가 넘치는 공
부의 시간이 될 수 있도록 인도해 주세요.

감사할 수 있도록 힘을 주시는 예수님의 이
름으로 간절히 기도드립니다. 아멘.

my prayer

_____

_____

_____

058

예수님만이
나의 주인이십니다

모든 입으로 예수 그리스도를 주라 시인하여 하나님
아버지께 영광을 돌리게 하셨느니라 | 빌 2:11 |

온 만물의 주인 되시는 하나님!

모든 감사와 찬양, 존귀와 영광을 하나님께
올려 드립니다.

나는 예수 그리스도를 믿는 학생입니다. 예
수 그리스도가 나의 주님이심을 분명하게
믿고 고백합니다. 입술만의 고백이 아닌, 전
인격적인 고백으로 올려 드립니다.

예수님이 나의 삶을 주관하시고 지키시며
인도하시고 이끌어 주세요. 예수님이 말씀
하시면 나아가고, 예수님의 뜻이 아니면 멈
춰 설 수 있는 순종의 삶이 이루어지게 해 주
세요. 내가 그리스도와 함께 십자가에 못 박
혔기에 이제 내 안에는 그리스도만 사신다
고 고백한 바울과 같이 예수님 중심의 삶을
살아가게 해 주세요.

나의 삶을 섬세하게 지도해 주시는 예수님
의 이름으로 간절히 기도드립니다. 아멘.

my prayer

_____

_____

_____

059

참 평안을 선물로 주세요

여호와는 그 얼굴을 네게로 향하여 드사 평강 주시기
를 원하노라 할지니라 하라 | 민 6:26 |

참 평안을 선물로 주시는 하나님!

모든 감사와 찬양, 존귀와 영광을 하나님께
올려 드립니다.

하나님은 언제나 나와 함께하심을 믿습니
다. 학교에 있을 때나, 학원에 있을 때나, 혼
자 공부할 때나 언제나 나와 동행하고 계심
을 굳게 믿습니다. 늘 인자하신 모습으로 나
를 따뜻하게 바라보고 계심을 믿습니다.

공부하는 가운데 걱정과 두려움, 불안함과
막막함이 지속적으로 찾아옵니다. 요동치
는 내 마음에 참 평안을 허락해 주세요. 하나
님이 선물로 주시는 평안으로 순탄한 학업
의 과정이 될 수 있도록 은혜를 내려 주세요.

평화의 왕이신 예수님의 이름으로 간절히
기도드립니다. 아멘.

my prayer

_____

_____

_____

060

하나님과 친해지기 원합니다

너는 하나님과 화목하고 평안하라 그리하면 복이 네게 임하리라 | 욥 22:21 |

나와 화목하기를 원하시는 하나님!

모든 감사와 찬양, 존귀와 영광을 하나님께 올려 드립니다.

매일 똑같은 자리에서 지겹게 느껴지는 공부를 하면서 행복하고 싶다는 생각이 듭니다. 진정한 행복은 하나님과의 화목에서 온다는 사실을 알고 있습니다. 하나님 안에서 찾는 진정한 행복을 허락해 주세요.

때마다, 일마다, 어느 때나 하나님을 찾음으로 하나님과 친밀하기를 원합니다. 혼자 외롭게 공부하는 시간이 아니라 하나님과 동행하는 공부의 시간이 되기를 원합니다. 수험생의 기간이 친밀하신 하나님, 가까이 계시는 하나님과 함께 행복을 누리는 시간이 되게 해 주세요.

최고의 친구 되시는 예수님의 이름으로 간절히 기도드립니다. 아멘.

my prayer

_____

_____

_____

061
깊은 잠으로 피로가
회복되게 해 주세요

내가 평안히 눕고 자기도 하리니 나를 안전히 살게
하시는 이는 오직 여호와이시니이다 | 시 4:8 |

나에게 쉼을 허락해 주시는 하나님!

모든 감사와 찬양, 존귀와 영광을 하나님께
올려 드립니다.

수험생의 기간을 지나는 동안에 공부 스트
레스 때문에 잠을 못 이룰 때가 있습니다. 공
부에 대한 걱정, 미래에 대한 걱정 때문에 잠
이 안 올 때가 있습니다. 잠을 자려고 누워도
머릿속에서는 계속 공부 생각이 나서 잠이
드는 시간이 길어질 때가 있습니다. 늦게 자
고 일찍 일어나야 해서 피로가 쌓입니다.

누우면 평안 가운데 빨리 잠이 들게 해 주세
요. 잠 시간이 부족할지라도 깊이 있게 자면
서 피로를 회복할 수 있도록 복 내려 주세요.

잠자는 가운데서도 나와 함께하시는 예수
님의 이름으로 간절히 기도드립니다. 아멘.

my prayer

_____

_____

_____

062

끝까지 인내할 수 있는
힘을 주세요

여호와께서 자기 백성에게 힘을 주심이여 여호와께
서 자기 백성에게 평강의 복을 주시리로다 | 시 29:11 |

나에게 힘을 주시는 하나님!

모든 감사와 찬양, 존귀와 영광을 하나님께
올려 드립니다.

매일 공부를 힘겹게 하다 보면 원하지 않게
무기력증에 빠질 때가 있습니다. 반복되는
일상 패턴 가운데 매너리즘에 빠질 때가 있
습니다. 그때는 온몸에 힘이 빠지고 에너지
가 하나도 없어서 아무것도 하기 싫습니다.

전능하신 하나님의 도우심을 구하오니 나
에게 공부할 수 있는 힘을 주세요. 끝까지 인
내할 수 있는 능력을 주세요. 무기력증과 매
너리즘을 능히 이겨 낼 수 있는 에너지를 주
세요.

나의 힘의 근원 되시는 예수님의 이름으로
간절히 기도드립니다. 아멘.

my prayer

_____

_____

_____

063

미래를 하나님 손에
맡깁니다

온전한 사람을 살피고 정직한 자를 볼지어다 모든 화
평한 자의 미래는 평안이로다 | 시 37:37 |

믿는 자의 미래를 평안하도록 인도하시는
하나님!

모든 감사와 찬양, 존귀와 영광을 하나님께
올려 드립니다.

나는 미래를 알 수 없는 부족한 존재입니다.
그래서 막막하기도 하고, 불안하기도 하고,
두렵기도 하고, 걱정되기도 합니다. 내가 미
래에 하고 싶은 일을 할 수는 있을까, 돈은
벌고 살 수 있을까, 나를 필요로 하는 곳은
있을까 등 미래를 생각하면 한숨이 나올 때
가 많습니다.

그러나 하나님은 하나님을 믿는 자의 미래
를 평안하도록 인도해 주심을 굳게 믿습니
다. 나의 미래를 하나님 손에 맡겨 드립니
다. 평안하도록 인도해 주세요.

평안한 삶을 보장해 주시는 예수님의 이름
으로 간절히 기도드립니다. 아멘.

my prayer

_____

_____

_____

064

흔들리는 내 마음을
지켜 주세요

주께서 심지가 견고한 자를 평강하고 평강하도록 지
키시리니 이는 그가 주를 신뢰함이니이다 | 사 26:3 |

하나님을 의지하는 자에게 평강을 주시는 하나님!

모든 감사와 찬양, 존귀와 영광을 하나님께 올려 드립니다.

시험을 앞두고 공부하는 가운데 여러 가지 이유로 마음이 흔들리는 경우가 있습니다. 중심을 잡지 못해서 마음이 방황할 때가 생깁니다.

잠언 4장 23절에는 "모든 지킬 만한 것 중에 더욱 네 마음을 지키라 생명의 근원이 이에서 남이니라" 라는 말씀이 나와 있습니다. 전능하신 하나님이 능력의 크신 팔로 도와주셔서 내 마음이 흔들리지 않도록 붙들어 주세요. 내 마음을 지켜 주시고 하나님을 온전히 의지함으로 평안 가운데 공부하도록 인도해 주세요.

평강의 복을 충만하게 베풀어 주시는 예수님의 이름으로 간절히 기도드립니다. 아멘.

my prayer

_____

_____

_____

065
하나님의 생각을
깨닫게 해 주세요

여호와의 말씀이니라 너희를 향한 나의 생각을 내가
아나니 평안이요 재앙이 아니니라 너희에게 미래와
희망을 주는 것이니라 | 렘 29:11 |

희망의 근원 되시는 하나님!

모든 감사와 찬양, 존귀와 영광을 하나님께 올려 드립니다.

믿는 나를 향한 하나님의 생각은 재앙이 아니라 평안과 미래와 희망을 주시는 것입니다. 공부하는 나에게 정말 필요한 것은 평안과 미래와 희망입니다. 하나님의 약속의 말씀을 붙들고 기도하오니 나에게 평안과 미래와 희망을 선물해 주세요.

하나님은 나에게 좋은 것을 주기 원하시는 참 좋으신 아버지라는 사실을 굳게 믿고 공부하기 원합니다.

나의 미래를 아름답게 예비해 주시는 예수님의 이름으로 간절히 기도드립니다. 아멘.

my prayer

_____

_____

_____

066
매일매일 평안하기를
소망합니다

평안을 너희에게 끼치노니 곧 나의 평안을 너희에게
주노라 내가 너희에게 주는 것은 세상이 주는 것과
같지 아니하니라 너희는 마음에 근심하지도 말고 두
려워하지도 말라 | 요 14:27 |

예수님 안에서 평안을 주시는 하나님!

모든 감사와 찬양, 존귀와 영광을 하나님께
올려 드립니다.

나는 매일매일 평안하기를 기대하고 소망
합니다. 참된 평안은 예수 그리스도 안에 있
음을 고백합니다. 진정한 평안은 예수 그리
스도를 통해서 온다는 사실을 믿습니다.

예수 그리스도가 내 안에 강력하게 역사해
주시기를 소망합니다. 내 안에 예수 그리스
도가 살아 역사하심을 굳게 믿게 하시고, 예
수 그리스도가 주시는 참 평안을 누리며 살
도록 인도해 주세요. 다른 곳에서 평안을 찾
지 않고 오직 예수 그리스도 안에서 평안을
찾게 해 주세요.

평안의 기쁨을 선물로 베풀어 주시는 예수
님의 이름으로 간절히 기도드립니다. 아멘.

my prayer

_____

_____

_____

067

입에서 생명의 말이
나오게 해 주세요

육신의 생각은 사망이요 영의 생각은 생명과 평안이
니라 | 롬 8:6 |

생명의 언어를 사용하기 원하시는 하나님!

모든 감사와 찬양, 존귀와 영광을 하나님께 올려 드립니다.

수험생의 시간을 지나는 동안에 너무 힘들어서 하나님이 제일 싫어하시는 말을 입버릇처럼 할 때가 많았음을 고백합니다. "죽을 것 같아", "죽고 싶다", "죽겠다" 같은 말을 자주 했음을 회개합니다. 나의 연약함을 용서해 주세요.

하나님은 생명을 주시는 분입니다. 살리시는 분입니다. 하나님을 믿는 자답게 이제부터는 공부하다가 아무리 힘들어도 "살 것 같아", "살고 싶다", "살겠다" 같은 생명의 언어를 사용하게 해 주세요.

나의 생명을 살려 주신 예수님의 이름으로 간절히 기도드립니다. 아멘.

my prayer

_____

_____

_____

068

죄책감에서 해방되도록 인도해 주세요

그는 우리의 화평이신지라 둘로 하나를 만드사 원수
된 것 곧 중간에 막힌 담을 자기 육체로 허시고
| 엡 2:14 |

따라 읽는 기도

나의 모든 죄를 깨끗이 용서해 주신 하나님!

모든 감사와 찬양, 존귀와 영광을 하나님께
올려 드립니다.

나의 모든 생각이 하나님의 마음에 맞기를
소망하지만, 현실은 하나님이 싫어하시는
생각을 자꾸만 하게 됩니다. 그리고 반복해
서 죄를 짓게 되면 죄책감에 빠지게 됩니다.
또한 죄책감 때문에 자기 한탄에 빠지고 삶
에 의욕이 없어지게 됩니다.

예수님이 하나님과 나 사이를 가로막았던
죄의 담을 자신의 육체로 허무셨다는 사실
을 굳게 믿으며 죄책감에서 해방될 수 있도
록 인도해 주세요.

죄에서 자유를 얻게 해 주신 예수님의 이름
으로 간절히 기도드립니다. 아멘.

my prayer

_____

_____

_____

069

친구들과 갈등 없이
하나 되기를

평안의 매는 줄로 성령이 하나 되게 하신 것을 힘써
지키라 | 엡 4:3 |

인간관계 안에서 평안을 주시는 하나님!

모든 감사와 찬양, 존귀와 영광을 하나님께
올려 드립니다.

수험생으로 살아가는 동안 함께 공부하는
친구가 소중함을 압니다. 교회에 가면 함께
신앙생활하는 교회 친구들이 있고, 학교에
가면 함께 생활하는 학교 친구들이 있고, 학
원에 가면 함께 강의를 듣는 학원 친구들이
있습니다. 이들을 축복해 주세요.

나와 함께하는 친구들과 갈등하지 않고 평
화롭게 지낼 수 있도록 도와주세요. 서로 존
중하고 인정하는 가운데 함께 성장하도록
인도해 주세요.

우리를 하나 되게 만들어 주시는 예수님의
이름으로 간절히 기도드립니다. 아멘.

my prayer

_____

_____

_____

070

아무것도 염려하지
않도록 도와주세요

아무것도 염려하지 말고 다만 모든 일에 기도와 간구
로, 너희 구할 것을 감사함으로 하나님께 아뢰라 그
리하면 모든 지각에 뛰어난 하나님의 평강이 그리스
도 예수 안에서 너희 마음과 생각을 지키시리라
| 빌 4:6-7 |

내 염려를 해결해 주시는 전능하신 하나님!

모든 감사와 찬양, 존귀와 영광을 하나님께
올려 드립니다.

공부를 열심히 하지만 머릿속은 염려로 가
득 찰 때가 많습니다. 염려에 빠지면 온몸에
힘이 하나도 없어지고 우울해지며, 공부할
의욕도 사라지게 됩니다. 염려는 늪과 같아
서 한번 빠져들면 헤어 나오기가 힘듭니다.

아무것도 염려하지 말고 감사함으로 하나
님께 기도하는 믿음의 사람이 되게 해 주세
요. 기도를 통해 염려의 문제에서 해방되는
신앙인이 되게 해 주세요.

모든 염려를 가져가 주시는 예수님의 이름
으로 간절히 기도드립니다. 아멘.

my prayer

_____

_____

_____

071
침체에서 건지시고
온전케 해 주세요

평강의 하나님이 친히 너희를 온전히 거룩하게 하시
고 또 너희의 온 영과 혼과 몸이 우리 주 예수 그리스
도께서 강림하실 때에 흠 없게 보전되기를 원하노라
| 살전 5:23 |

나의 존재가 흠 없기를 원하시는 하나님!

모든 감사와 찬양, 존귀와 영광을 하나님께 올려 드립니다.

수험생의 고독한 시간을 지나는 동안에, 공부의 힘든 과정을 보내는 동안에 건강도 안 좋아지고, 정신적으로도 피폐해졌습니다. 영적으로도 침체를 경험하게 됩니다.

하나님은 나의 온 영과 혼과 몸을 지키시고 보호하시며 흠 없게 보전되기를 원하시는 분임을 믿습니다. 이 믿음을 가지고 공부의 자리로 나아가게 하시고, 수험생의 기간을 통해 좀 더 성숙하고 성장하게 해 주세요.

나를 온전하게 하시는 예수님의 이름으로 간절히 기도드립니다. 아멘.

my prayer

_____

_____

_____

072
잡념이 사라지고
집중하게 해 주세요

평강의 주께서 친히 때마다 일마다 너희에게 평강을
주시고 주께서 너희 모든 사람과 함께하시기를 원하
노라 | 살후 3:16 |

집중할 수 있는 힘을 주시는 하나님!

모든 감사와 찬양, 존귀와 영광을 하나님께
올려 드립니다.

수험생으로서 공부하는 데 있어 집중력이
참으로 많이 필요합니다. 집중력이 있어야
효율적으로 공부할 수 있고, 공부의 결과도
좋습니다.

공부하는 과정 가운데 다른 생각은 하지 않
고 공부에 온전히 집중할 수 있도록 도와주
세요. 하나님이 주시는 참 평안을 누리는 가
운데 최대한 집중할 수 있도록 힘을 불어넣
어 주세요.

잡념이 사라지게 해 주시는 예수님의 이름
으로 간절히 기도드립니다. 아멘.

my prayer

_____

_____

_____

073

피스 메이커로
살고 싶어요

너희는 사랑의 입맞춤으로 서로 문안하라 그리스도
안에 있는 너희 모든 이에게 평강이 있을지어다
| 벧전 5:14 |

화평을 적극적으로 이루어 가기를 원하시는 하나님!

모든 감사와 찬양, 존귀와 영광을 하나님께 올려 드립니다.

수험생의 기간을 보내는 동안 밝은 표정을 가지고 주변 친구들에게 긍정의 에너지를 전달하는 사람이 되기를 원합니다. 내가 가는 곳에 친구들 사이가 좋아지고, 갈등과 싸움이 사라지고, 웃음꽃이 피는 역사가 일어나게 해 주세요. 나로 인해 우리 가정이 화목하게 되는 은혜의 역사가 이루어지게 해 주세요.

화평하게 하는 자는 복이 있다는 예수님의 말씀을 믿으며 평화를 만드는 피스 메이커의 삶이 되게 해 주세요.

화평하게 하는 자에게 복을 주시는 예수님의 이름으로 간절히 기도드립니다. 아멘.

my prayer

_____

_____

_____

074

두려움을 이겨 낼
용기를 주세요

다만 여호와를 거역하지는 말라 또 그 땅 백성을 두
려워하지 말라 그들은 우리의 먹이라 그들의 보호자
는 그들에게서 떠났고 여호와는 우리와 함께하시느
니라 그들을 두려워하지 말라 하나 | 민 14:9 |

두려움의 문제를 해결해 주신 하나님!

모든 감사와 찬양, 존귀와 영광을 하나님께 올려 드립니다.

수험생 기간에 공부가 어려워서 공부 자체가 두려워질 때가 있습니다. 아무리 열심히 공부해도 성적이 오르지 않는 현실 가운데 불안감이 찾아올 때가 있습니다. 열심히 공부하고 대학 원서를 넣었는데 다 떨어지면 어떡하지, 라는 두려운 생각에 사로잡힐 때가 있습니다.

내 마음속에 두려움이 사라지게 해 주세요. 믿음 안에서 담대한 마음을 가질 수 있도록 도와주세요. 두려움을 이겨 낼 수 있는 참된 용기를 허락해 주세요. 믿음으로 두려운 현실을 극복할 수 있도록 나와 함께해 주세요.

두려워하지 말라고 말씀하신 예수님의 이름으로 간절히 기도드립니다. 아멘.

my prayer

_____

_____

_____

075
할 수 있다는 자신감을 심어 주세요

그날에 여호와께서 말씀하신 이 산지를 지금 내게 주소서 당신도 그날에 들으셨거니와 그곳에는 아낙 사람이 있고 그 성읍들은 크고 견고할지라도 여호와께서 나와 함께하시면 내가 여호와께서 말씀하신 대로 그들을 쫓아내리이다 하니 | 수 14:12 |

나와 함께하시는 임마누엘의 하나님!

모든 감사와 찬양, 존귀와 영광을 하나님께
올려 드립니다.

학업의 현실을 생각하면 막막합니다. 눈앞
에 여러 장애물이 놓여 있고, 큰 산이 나를
가로막고 있다는 생각이 듭니다. 그러나 하
나님이 나와 함께하신다는 강력한 믿음으
로 현실의 어려움을 이겨 낼 수 있도록 인도
해 주세요.

어려운 문제에 봉착하면 자신감이 사라지
고, 어떻게 해야 할지 몰라서 갈팡질팡하게
됩니다. 하나님! 믿음에서 우러나오는 자신
감을 선물로 주세요. 믿음에서 우러나오는
할 수 있다는 의지를 선물로 주세요.

불가능을 가능으로 바꿔 주시는 예수님의
이름으로 간절히 기도드립니다. 아멘.

my prayer

_____

_____

_____

076

여호와의 이름을
의지합니다

다윗이 블레셋 사람에게 이르되 너는 칼과 창과 단창
으로 내게 나아오거니와 나는 만군의 여호와의 이름
곧 네가 모욕하는 이스라엘 군대의 하나님의 이름으
로 네게 나아가노라 | 삼상 17:45 |

모든 능력과 권세를 가지신 하나님!

모든 감사와 찬양, 존귀와 영광을 하나님께 올려 드립니다.

나는 전능하신 하나님을 믿는 기독 학생임을 고백합니다. 기독 학생이라는 사실에 자부심을 가지고 살겠습니다. 하나님을 믿는 기독 학생답게 살겠습니다.

유능한 학교 선생님이, 실력 있는 학원 선생님이 내 공부를 인도하는 것이 아니라 만군의 여호와 하나님이 내 공부를 인도하시고 내 미래를 책임져 주심을 강력하게 믿습니다. 기독 학생이라는 정체성을 한순간도 잊지 않고 공부하게 해 주세요.

삶의 걸음걸음을 인도하시는 예수님의 이름으로 간절히 기도드립니다. 아멘.

my prayer

_____

_____

_____

077
하나님의 뜻을
알고 싶어요

이에 하나님이 그에게 이르시되 네가 이것을 구하도
다 자기를 위하여 장수하기를 구하지 아니하며 부도
구하지 아니하며 자기 원수의 생명을 멸하기도 구하
지 아니하고 오직 송사를 듣고 분별하는 지혜를 구하
였으니 | 왕상 3:11 |

지혜의 근원 되시는 하나님!

모든 감사와 찬양, 존귀와 영광을 하나님께 올려 드립니다.

학창 시절을 지나는 가운데, 하나님이 허락하신 인생의 시간을 살아가는 가운데 지혜가 필요합니다. 하나님이 솔로몬에게 주셨던 선악을 분별하는 지혜를 나에게 허락해 주시기를 소망합니다.

하나님의 기준에서 무엇이 옳고 그른지 분별하는 지혜를 가지고 살아가게 해 주세요. 매 순간 하나님의 뜻이 무엇인지 구하게 하시고, 이해하고 깨닫게 하시며, 하나님의 뜻대로 살아가도록 인도해 주세요.

하나님의 뜻을 알려 주시는 예수님의 이름으로 간절히 기도드립니다. 아멘.

my prayer

_____

_____

_____

078

진로 선택의 기로에서
답을 주세요

네 길을 여호와께 맡기라 그를 의지하면 그가 이루시
고 |시 37:5|

하나님의 뜻대로 나의 삶을 인도하시는 하나님!

모든 감사와 찬양, 존귀와 영광을 하나님께 올려 드립니다.

수험생으로서 열심히 공부하고 있지만 진로에 대해서는 계속 고민하게 됩니다. 수능이 코앞으로 다가왔지만 아직도 어떤 선택을 해야 할지 갈팡질팡합니다. 어느 과를 지원해야 할지도 잘 모르겠습니다.

내 인생의 길을 아시는 하나님께 나의 진로를 온전히 맡길 수 있는 믿음을 허락해 주세요. 하나님이 진로 선택의 기로에서 답을 알려 주실 것을 믿고, 고민을 끝내고 하나님만 의지하는 모습으로 나아가게 해 주세요.

길을 만드시고 놀라운 역사를 이루시는 예수님의 이름으로 간절히 기도드립니다. 아멘.

my prayer

_____

_____

_____

079
공부 내용을 깨닫는
지혜가 필요합니다

하나님이 이 네 소년에게 학문을 주시고 모든 서적을
깨닫게 하시고 지혜를 주셨으니 다니엘은 또 모든 환
상과 꿈을 깨달아 알더라 | 단 1:17 |

깨달음의 지혜를 주시는 하나님!

모든 감사와 찬양, 존귀와 영광을 하나님께
올려 드립니다.

오늘도, 내일도 계속 공부합니다. 공부하는
가운데 교과서와 문제집을 비롯해서 많은
책을 읽게 됩니다. 책을 읽을 때마다 그 책의
내용을 완전히 이해하고 깨달을 수 있는 놀
라운 지혜와 통찰을 허락해 주세요.

요셉에게 주셨던 지혜를 나에게도 베풀어
주세요. 솔로몬에게 주셨던 지혜를 나에게
도 허락해 주세요. 다니엘에게 주셨던 지혜
를 나에게도 공급해 주세요.

놀라운 선물을 우리 삶 가운데 제공해 주시
는 예수님의 이름으로 간절히 기도드립니
다. 아멘.

my prayer

_____

_____

_____

080
나도 할 수 있다!

예수께서 이르시되 할 수 있거든이 무슨 말이냐 믿는
자에게는 능히 하지 못할 일이 없느니라 하시니
| 막 9:23 |

나에게 할 수 있다고 격려해 주시는 하나님!

모든 감사와 찬양, 존귀와 영광을 하나님께 올려 드립니다.

우리 인간은 한계의 존재입니다. 그러나 하나님은 한계가 없는 분이십니다. 우리 인간의 한계의 종착점이 하나님의 능력의 시작점임을 고백합니다. 무한 능력의 하나님이 바로 나의 하나님이십니다.

하나님의 뜻 안에서 불가능은 없다는 믿음을 가지고 공부에 임하게 해 주세요. 나의 한계를 정하고 안주하지 않게 하시며, 믿는 자에게는 능히 하지 못할 일이 없다는 예수님의 말씀을 의지하면서 열심히 공부할 수 있도록 인도해 주세요.

우리를 항상 응원해 주시는 예수님의 이름으로 간절히 기도드립니다. 아멘.

my prayer

_____

_____

_____

081
기도 응답을
경험하게 해 주세요

그러므로 내가 너희에게 말하노니 무엇이든지 기도
하고 구하는 것은 받은 줄로 믿으라 그리하면 너희에
게 그대로 되리라 | 막 11:24 |

나의 간구를 들으시는 하나님!

모든 감사와 찬양, 존귀와 영광을 하나님께 올려 드립니다.

하나님께 기도할 수 있는 기회를 주셔서 감사드립니다. 하나님께 기도할 수 있는 놀라운 특권을 주셔서 감사드립니다.

기도하면 하나님이 나의 기도를 들으시고 하나님의 때에 응답해 주신다는 사실을 굳게 믿는 믿음을 허락해 주세요. 수험생의 시간을 보내는 가운데 수시로 하나님께 기도하며 기도 응답을 경험하는 신실한 신앙인이 되도록 인도해 주세요.

나의 기도에 성실하게 응답해 주시는 예수님의 이름으로 간절히 기도드립니다. 아멘.

my prayer

_____

_____

_____

082

하나님! 말의 능력을
더해 주세요

내가 너희의 모든 대적이 능히 대항하거나 변박할 수
없는 구변과 지혜를 너희에게 주리라 | 눅 21:15 |

말을 할 수 있는 능력을 주신 하나님!

모든 감사와 찬양, 존귀와 영광을 하나님께
올려 드립니다.

언어를 창조하신 하나님! 나에게 말의 능력
을 더해 주세요.

대학 입시를 치르는 가운데 면접이나 구술
시험이 있습니다. 면접관 앞에서, 평가하는
사람 앞에서 긴장하지 않고 담대하게 말할
수 있는 용기를 허락해 주세요. 신중하게 말
하고, 겸손한 태도로 말할 수 있도록 도와주
세요. 표현하고 싶은 내용을 잘 전달할 수 있
도록 힘과 능력을 더해 주세요.

선포를 통해 기적을 보여 주신 예수님의 이
름으로 간절히 기도드립니다. 아멘.

my prayer

_____

_____

_____

083

내 삶의 이유와 목적,
예수님!

베드로가 이르되 은과 금은 내게 없거니와 내게 있는
이것을 네게 주노니 나사렛 예수 그리스도의 이름으
로 일어나 걸으라 하고 | 행 3:6 |

나의 한계를 뛰어넘으시는 최고의 하나님!

모든 감사와 찬양, 존귀와 영광을 하나님께
올려 드립니다.

때로 공부하는 목적이 돈 많이 벌기 위한 것
으로 귀결될 때가 있습니다. 그래서 공부를
하는 과정 가운데 좋은 대학에 들어가고, 성
공을 추구하려는 마음이 들 때도 많습니다.

하나님! 내 마음과 생각을 깨끗하게 해 주세
요. 돈이 나를 이끄는 삶이 아니라, 예수 그
리스도가 내 삶의 이유가 되시고 목적이 되
시는 인생을 살기로 결단합니다. 나의 결단
을 받아 주시고, 이 결단을 가지고 공부에 임
하게 해 주세요.

내가 의지할 유일한 이름 예수님의 이름으
로 간절히 기도드립니다. 아멘.

my prayer

_____

_____

_____

084

모든 상황을
견디게 해 주세요

내게 능력 주시는 자 안에서 내가 모든 것을 할 수 있
느니라 | 빌 4:13 |

견뎌 낼 수 있는 능력을 주시는 하나님!

모든 감사와 찬양, 존귀와 영광을 하나님께 올려 드립니다.

수험생의 기간을 지나는 동안 공부가 하기 싫을 때가 정말 많습니다. 공부가 지겹게 느껴질 때가 자주 찾아와서 마음이 힘듭니다.

나에게 능력 주시는 하나님 안에서 나의 모든 상황을 능히 견뎌 낼 수 있도록 인내를 허락해 주세요. 지금 학생으로서 공부할 수 있는 상황과 환경을 감사함으로 받아들이는 자족의 삶이 이루어지게 해 주세요.

끝까지 인내하는 자에게 큰 복을 베풀어 주시는 예수님의 이름으로 간절히 기도드립니다. 아멘.

my prayer

_____

_____

_____

085
지혜가 부족합니다

너희 중에 누구든지 지혜가 부족하거든 모든 사람에
게 후히 주시고 꾸짖지 아니하시는 하나님께 구하라
그리하면 주시리라 | 약 1:5 |

지혜를 선물로 주시는 하나님!

모든 감사와 찬양, 존귀와 영광을 하나님께
올려 드립니다.

수험생으로서 공부하는 가운데 가장 필요
한 것은 바로 지혜입니다. 공부하다 보면 이
해할 수 있는 지혜, 깨달을 수 있는 지혜, 기
억할 수 있는 지혜, 응용하고 활용할 수 있는
지혜가 필요합니다.

하나님은 지혜를 구하는 자에게 지혜를 주
겠다고 약속해 주셨습니다. 약속의 말씀을
의지해서 열심히 간구하오니 나에게 하나
님의 지혜를 선물로 주세요. 하나님의 지혜
를 가지고 하나님의 꿈을 위한 바른 공부를
할 수 있도록 인도해 주세요.

지혜로운 삶으로 인도해 주시는 예수님의
이름으로 간절히 기도드립니다. 아멘.

my prayer

_____

_____

_____

086
졸음을 이기게 해 주세요

게으른 자여 네가 어느 때까지 누워 있겠느냐 네가
어느 때에 잠이 깨어 일어나겠느냐 | 잠 6:9 |

활동할 수 있는 힘을 공급해 주시는 하나님!

모든 감사와 찬양, 존귀와 영광을 하나님께 올려 드립니다.

학교와 학원에서 수업과 강의를 듣는 가운데, 책상에 앉아서 공부하는 가운데 졸기도 하고 잠이 들 때도 있습니다. 잠을 제대로 자지 못해 피곤합니다. 쉬고 싶습니다. 그런데 해야 하는 공부는 내 앞에 많이 놓여 있어서 정신 차리고 일어나야 합니다.

수업을 듣는 가운데, 강의를 듣는 가운데, 스스로 공부하는 가운데 맑은 정신을 허락해 주셔서 최선을 다해 공부할 수 있도록 도와주세요.

나를 일으켜 세워 주시는 예수님의 이름으로 간절히 기도드립니다. 아멘.

my prayer

_____

_____

_____

087

부지런함이
인격이 되게 해 주세요

게으른 자는 마음으로 원하여도 얻지 못하나 부지런
한 자의 마음은 풍족함을 얻느니라 | 잠 13:4 |

부지런한 삶을 원하시는 하나님!

모든 감사와 찬양, 존귀와 영광을 하나님께
올려 드립니다.

가끔 게으름과 나태함이 찾아올 때가 있습
니다. 게으름이 잘못된 것임을 알면서도 게
으름의 패턴 가운데 살아갈 때도 있습니다.

하나님! 게으름에서 빠져나올 수 있는 강한
의지를 허락해 주세요. 게을러질 때 정신을
차릴 수 있는 깨달음을 주세요. 부지런하게
열심히 공부할 수 있기를 소망합니다.

게으름에서 빠져나올 수 있는 구체적인 실
천을 하게 하시고, 부지런함이 내 삶의 습관
이자 인격이 될 수 있도록 도와주세요.

부지런한 삶의 모델을 보여 주신 예수님의
이름으로 간절히 기도드립니다. 아멘.

my prayer

_____

_____

_____

088

자기 주도적 학습을
실천하기 원합니다

게으른 자의 욕망이 자기를 죽이나니 이는 자기의 손
으로 일하기를 싫어함이니라 | 잠 21:25 |

나에게 의지를 선물로 주시는 하나님!

모든 감사와 찬양, 존귀와 영광을 하나님께
올려 드립니다.

공부하는 과정 가운데 부모님이나 학교 및
학원 선생님은 나의 학업을 옆에서 도와주
시는 고마운 분들입니다. 하지만 내가 하고
있는 공부는 바로 나 자신이 주체적으로 해
야 하는 공부라는 바른 인식을 가지기 원합
니다. 다른 사람에게 의존하지 않고 스스로
열심히 공부하기를 원합니다.

자율적으로 공부할 수 있는 힘을 주시고, 자
기 주도적 학습을 실천할 수 있는 용기와 능
력을 주시기를 소망합니다.

할 수 있다고 응원해 주시고 격려해 주시는
예수님의 이름으로 간절히 기도드립니다.
아멘.

my prayer

_____

_____

_____

089

신앙생활에 열심을
내게 해 주세요

부지런하여 게으르지 말고 열심을 품고 주를 섬기라
| 롬 12:11 |

열심을 품고 주를 섬기기 원하시는 하나님!

모든 감사와 찬양, 존귀와 영광을 하나님께
올려 드립니다.

대학 입시를 준비하면서 나의 신앙이 게을
러지기 쉽습니다. 공부 때문에 바쁘다는 핑
계로 신앙생활을 소홀히 할 때가 있습니다.

나의 부족함을 회개하오니 용서해 주세요.
공부를 열심히 하는 가운데 신앙생활은 더
열심히 하기를 원합니다. 열심을 품고 하나
님을 섬기는 가운데 신앙생활과 공부가 균
형을 이루고, 성장과 성숙이 일어나게 해 주
세요.

나를 바른 신앙으로 인도해 주시는 예수님
의 이름으로 간절히 기도드립니다. 아멘.

my prayer

_____

_____

_____

090

친구들도 함께
부지런하기를 기도합니다

우리가 간절히 원하는 것은 너희 각 사람이 동일한
부지런함을 나타내어 끝까지 소망의 풍성함에 이르
러 | 히 6:11 |

믿는 자들이 다같이 잘하기를 원하시는 하나님!

모든 감사와 찬양, 존귀와 영광을 하나님께 올려 드립니다.

오늘은 함께 공부하는 교회 친구들을 위해 중보 기도하기를 원합니다.

신앙생활도 잘하고, 공부도 잘하기 위해 반드시 필요한 것이 바로 부지런함입니다. 예수님을 믿는 친구들이 다 같이 신앙생활과 공부를 부지런함으로 잘할 수 있도록 힘을 불어넣어 주세요. 또 하나님의 꿈을 향해 함께 달려갈 수 있도록 인도해 주세요.

함께하는 풍성함을 경험하게 하시는 예수님의 이름으로 간절히 기도드립니다. 아멘.

my prayer

_____

_____

_____

091

예수님처럼
성실하게 해 주세요

여호와는 선하시니 그의 인자하심이 영원하고 그의
성실하심이 대대에 이르리로다 | 시 100:5 |

성실하게 나의 삶을 인도하시는 하나님!

모든 감사와 찬양, 존귀와 영광을 하나님께 올려 드립니다.

하나님은 우리가 성실한 모습으로 살아가기를 원하시고, 우리에게 성실한 삶을 요구하십니다. 일관되게 최선을 다해 맡겨진 일을 헌신적으로 하기를 원합니다.

기독교 신앙은 하나님을 닮는 것입니다. 하나님이 성실하시니 나도 하나님을 닮아 성실하게 살아가는 신앙인이 되게 해 주세요. 학교에서 성실한 학생이 되게 해 주시고, 맡겨진 공부를 성실하게 해 나가게 해 주세요.

성실의 모델을 보여 주신 예수님의 이름으로 간절히 기도드립니다. 아멘.

my prayer

_____

_____

_____

092

더뎌 보여도
바른길로 걷게 해 주세요

성실하게 행하는 자는 구원을 받을 것이나 굽은 길로
행하는 자는 곧 넘어지리라 | 잠 28:18 |

바른길을 걷기를 원하시는 하나님!

모든 감사와 찬양, 존귀와 영광을 하나님께
올려 드립니다.

우리는 '빨리빨리'의 문화 가운데 단기간에
뭔가를 이루려는 조급함이 있습니다. 과정
보다는 결과를 중시하는 사고를 하면서 굽
은 길로 가려는 유혹이 있습니다.

하나님! 매일매일 열심히 공부하지만 해야
할 공부는 계속 있고, 실력이 늘고 있는지 가
늠할 수가 없어 답답합니다. 이때 빨리 성과
와 결과를 내기 위해 빠른 길, 쉬운 길, 편안
한 길을 찾지 않기 원합니다. 더디 보일지라
도 꾸준히, 정확하게, 깊게, 바르게 공부할
수 있도록 지속적인 힘을 불어넣어 주세요.

좁은 길로 가라고 말씀하신 예수님의 이름
으로 간절히 기도드립니다. 아멘.

my prayer

_____

_____

_____

093
공부를 즐길 수 있도록 도와주세요

오직 네 하나님 여호와께서 택하실 곳에서 네 하나님
여호와 앞에서 너는 네 자녀와 노비와 성중에 거주하
는 레위인과 함께 그것을 먹고 또 네 손으로 수고한
모든 일로 말미암아 네 하나님 여호와 앞에서 즐거워
하되 | 신 12:18 |

나에게 맡겨진 일을 즐겁게 하기 원하시는 하나님!

모든 감사와 찬양, 존귀와 영광을 하나님께 올려 드립니다.

수험생의 시간을 지나는 동안 공부가 지겹게 느껴집니다. 하기 싫어서 억지로 할 때도 많이 있음을 고백합니다.

나는 하나님이 기뻐하시는 꿈을 이루기 위해 열심히 공부한다는 사실을 매 순간 잊지 않게 해 주세요. 열심히 땀 흘리고 공부하는 이 시간과 과정을 즐거워할 수 있도록 인도해 주세요. 하나님의 꿈을 위해 하나님 앞에서 공부하고 있다는 믿음을 가지고, 공부를 즐길 수 있도록 도와주세요.

억지가 아니라 즐거운 마음으로 바꿔 주시는 예수님의 이름으로 간절히 기도드립니다. 아멘.

my prayer

_____

_____

_____

094

공부 실천력을
더해 주세요

요시야가 여호와 보시기에 정직히 행하여 그의 조상
다윗의 모든 길로 행하고 좌우로 치우치지 아니하였
더라 | 왕하 22:2 |

내 삶의 걸음을 보고 계시는 하나님!

모든 감사와 찬양, 존귀와 영광을 하나님께 올려 드립니다.

하나님이 나의 공부 과정을 보고 계시고, 내가 공부하는 모습을 보고 계신다는 것을 믿기 원합니다. 이 믿음을 가지고 수험생의 기간을 지나는 동안 정직한 공부를 해 나가기를 소망합니다.

독서실에 오랫동안 앉아 있어도 그 시간에 게임을 하거나 유튜브 영상을 보느라 시간을 낭비할 때도 있습니다. 주님이 도와주셔서 낭비하는 시간을 줄이고 온전히 공부하는 시간으로 채워 가기를 원합니다. 정직한 공부를 실천할 수 있는 힘을 더해 주세요.

실천력을 주시는 예수님의 이름으로 간절히 기도드립니다. 아멘.

my prayer

_____

_____

_____

095

삶 속에서 거짓을
버리기 원합니다

여호와 하나님은 해요 방패이시라 여호와께서 은혜
와 영화를 주시며 정직하게 행하는 자에게 좋은 것을
아끼지 아니하실 것임이니이다 | 시 84:11 |

따라 읽는 기도

정직한 자에게 좋은 것을 주시는 하나님!

모든 감사와 찬양, 존귀와 영광을 하나님께
올려 드립니다.

하나님은 나의 삶 속에서 거짓을 버리기 원
하십니다. 그러나 나는 손해 보지 않으려고
거짓된 모습으로 산 적이 많습니다. 손해를
보더라도 정직을 선택하기 원합니다.

학업의 과정을 걸어가는 가운데 거짓된 생
각, 거짓된 말, 거짓된 행동을 버리며 살아
가게 해 주세요. 정직한 자에게 좋은 것을 주
시는 하나님을 굳게 믿습니다. 정직의 실천
을 통해 하나님이 주시는 놀라운 은혜와 복
을 풍성하게 받아 누리게 해 주세요.

이 땅에 오셔서 정직한 삶을 보여 주신 예수
님의 이름으로 간절히 기도드립니다. 아멘.

my prayer

096

기쁨의 열매를
거두게 해 주세요

울며 씨를 뿌리러 나가는 자는 반드시 기쁨으로 그
곡식 단을 가지고 돌아오리로다 | 시 126:6 |

나의 땀 흘리는 과정을 보고 계시는 하나님!

모든 감사와 찬양, 존귀와 영광을 하나님께
올려 드립니다.

공부하는 과정이 힘들어서 때로는 눈물이
나기도 합니다. 열심히 공부하려고 노력하
는데 능률이 오르지 않아 한숨이 나오기도
합니다. 최선을 다해 공부했는데도 시험 성
적이 원하는 대로 나오지 않아 억울하기도
합니다.

울며 씨를 뿌리러 나가는 자는 반드시 기쁨
으로 그 곡식 단을 가지고 돌아올 것이라는
약속의 말씀을 붙들고 공부에 최선을 다하
게 해 주세요.

항상 좋은 것으로 내 삶을 채워 주시는 예수
님의 이름으로 간절히 기도드립니다. 아멘.

my prayer

_____

_____

_____

097
온유한 성품이
갖춰지게 해 주세요

디모데의 연단을 너희가 아나니 자식이 아버지에게
함같이 나와 함께 복음을 위하여 수고하였느니라
| 빌 2:22 |

내 안에 성령의 열매가 맺히기를 원하시는
하나님!

모든 감사와 찬양, 존귀와 영광을 하나님께
올려 드립니다.

이제 곧 끝날 수험생의 기간이 힘들고 외롭
고 고독하고 지치는 시간이 되지 않게 하시
고, 단련된 성품을 갖추는 연단의 시간이 되
기를 소망합니다.

공부하는 과정 가운데 나의 한계를 극복하
면서 끝까지 해낼 수 있는 인내와 끈기의 성
품이 갖춰지게 해 주세요. 화가 나고 짜증이
날 때도 참아 낼 수 있는 온유의 성품이 갖춰
지게 해 주세요. 마음의 평온함을 유지할 수
있는 평안의 성품이 갖춰지게 해 주세요. 하
나님 사랑, 이웃 사랑을 실천할 수 있는 사랑
의 성품이 갖춰지게 해 주세요.

성품의 모델을 보여 주신 예수님의 이름으
로 간절히 기도드립니다. 아멘.

my prayer

_____

_____

_____

098
모든 일상에 감사합니다!

사람마다 먹고 마시는 것과 수고함으로 낙을 누리는
그것이 하나님의 선물인 줄도 또한 알았도다
| 전 3:13 |

일상의 행복을 경험하게 하시는 하나님!

모든 감사와 찬양, 존귀와 영광을 하나님께
올려 드립니다.

세계 곳곳에는 공부하고 싶어도 공부할 수
없는 어려운 환경 속에 있는 안타까운 학생
들이 참으로 많이 있습니다. 하나님이 그들
에게 크신 은혜를 베푸셔서 공부할 수 있는
여건과 환경과 기회를 허락해 주세요.

매일매일 땀 흘려서 공부할 수 있는 환경과
여건과 기회를 나에게 허락해 주신 것에 감
사드립니다. 어려운 자들을 사랑하고 구체
적으로 섬기기 위한 꿈을 꾸며 열심히 공부
할 수 있게 해 주세요.

일상 속에서 감사의 이유를 깨닫게 해 주시
는 예수님의 이름으로 간절히 기도드립니
다. 아멘.

my prayer

_____

_____

_____

099

실수해서 틀리는 일이
없게 해 주세요

네가 네 손이 수고한 대로 먹을 것이라 네가 복되고
형통하리로다 | 시 128:2 |

수고한 대로 결과를 주기 원하시는 공평하신 하나님!

모든 감사와 찬양, 존귀와 영광을 하나님께 올려 드립니다.

수험생의 기간을 보내는 가운데 정말 많은 시험을 보았습니다.

시험을 치면서 가장 억울한 경우는 아는 내용인데 실수해서 틀리는 것입니다. 열심히 공부해서 아는 내용은 실수하지 않도록 은혜를 베풀어 주세요. 그리고 앞으로 다가오는 수학능력시험에서 실수하지 않도록 나의 생각과 마음과 태도를 지켜 주세요.

우리의 억울함을 풀어 주시는 예수님의 이름으로 간절히 기도드립니다. 아멘.

my prayer

_____

_____

_____

100
노력한 만큼의 결과를 기대합니다

스스로 속이지 말라 하나님은 업신여김을 받지 아니
하시나니 사람이 무엇으로 심든지 그대로 거두리라
| 갈 6:7 |

노력한 만큼의 결과를 주시는 하나님!

모든 감사와 찬양, 존귀와 영광을 하나님께 올려 드립니다.

수험생의 시간을 지나는 동안에 좋은 결과에 대한 허황된 기대를 할 때가 많음을 고백합니다. 시험공부를 제대로 하지도 않았는데 좋은 점수가 나오기를 기대하고, 모르는 문제가 나와서 찍었는데 맞기를 원하는 나의 모습을 바라보게 됩니다.

제대로 노력하지도 않았는데 좋은 결과가 나오는 것이 복이 아니라, 땀 흘리고 노력한 만큼의 결과를 얻는 것이 진정한 복임을 믿게 해 주세요. 수능 시험을 최선을 다해 치르게 하시고, 노력한 만큼의 결과가 나오기를 원합니다. 그 결과에 만족하는 정직의 복을 허락해 주세요.

공평함의 은혜를 베풀어 주시는 예수님의 이름으로 간절히 기도드립니다. 아멘.

my prayer

_____

_____

_____